Décorations de Noël

C. Schiavon - M. Forchino

Décorations de Noël

ÉDITIONS DE VECCHI S.A.
52, rue Montmartre
75002 PARIS

Malgré l'attention portée à la rédaction de cet ouvrage, l'auteur ou son éditeur ne peuvent assumer une quelconque responsabilité du fait des informations proposées (formules, recettes, techniques).
Il est conseillé, selon les problèmes spécifiques – et souvent uniques – de chaque lecteur, de prendre l'avis de personnes qualifiées pour obtenir les renseignements les plus complets, les plus précis et les plus actuels possible.

Photos de M. Forchino, exceptées celles reproduites en pages 16, 21 en bas, 22 en bas, 23 en bas, 24 à droite, 26 en bas, 29 en haut à droite, 31, 34-35, 37 en bas, 38-43, 47 en bas à droite, 49, 51 en haut, 57, 58 à droite, 59 en bas à droite, 61, 63, 64 en bas à droite, 67 en bas, 69, 73 en bas, 75, 77, 80-81, 85 en bas, 87 en bas, 89 en bas à droite, 94 en bas, 95 à droite, 96, 99 en bas, 100 à droite, 101, 102-103, 107, 109, 111, 112 à droite, 115 en bas, 116-117 en bas, 118 à droite, 122-123 en bas, 125, qui sont de M.Giberti ; celles des pages 51 en bas, 78-79, 90-93, de S. Maggi, et celles des pages 82 et 84, de E. Erba.

Dessins de M. Ameli

« Les étoiles », « La guirlande » et « L'arbre de Noël » du chapitre « Le patchwork » sur polystyrène, sont tirés du volume de M. Gasparini, *Patchwork, Techniques et nouvelles idées à réaliser avec et sans aiguilles*, éditions De Vecchi 1998 ; « La guirlande rouge » du chapitre « Guirlandes et festons en tissu », « Le centre de table avec grenadiers et roses rouges », « le panier porte-épices », « le vase d'hortensias séchés », du chapitre « Les paniers et les cache-pot décoratifs » sont tirés du livre de C. Maspes et A. Rizzi, *Compositions florales et centres de table*, à paraître aux éditions De Vecchi ; « Le centre de table avec roses et pommes de pin » et « Le panier de fruits » viennent du livre de F. R. Lepore, *Bouquets et compositions florales*, éditions De Vecchi, 1992 ; « Le carton nominatif en cannelle », « L'arbre à petites fleurs rouges » et « L'arbre aux roses » sont tirés de l'ouvrage de A. Prandoni, *Comment réaliser des objets de décoration*, éditions De Vecchi, 1998.

En couverture : photo Excalibur

Traduction : Nathalie Rossi

Imprimé en Italie

Sommaire

Introduction

L'hiver est une saison avare de lumière et de couleurs, mais il possède un cœur chaud et palpitant, Noël, fait de souvenirs, de traditions, de fête, de joie et surtout d'attente. Chacun de nous, au fond de lui, attend un geste, une parole, un petit cadeau, bref quelque chose qui soit le symbole de la renaissance, de l'espoir et de l'affection. L'échange des cadeaux autour de l'arbre a des origines anciennes ; pour certains, il revêt tout d'abord une signification religieuse, pour les autres il contient de toute façon un message de grande importance sur le plan humain.

D'où le goût et le désir que nous avons de consacrer les jours qui précèdent les fêtes de Noël aux préparatifs, en retrouvant des gestes et des traditions qui se sont transmis au cours des siècles et sont parvenus jusqu'à nous, souvent uniquement par tradition orale : on achète ou l'on confectionne les cadeaux, petits ou grands, on réalise des décorations qui rendent la maison plus accueillante et les atmosphères de fête encore plus magiques.

Ce livre est conçu comme un guide pour apprendre les techniques utiles à la réalisation d'objets traditionnels ou nouveaux et originaux, sous le signe de la créativité et du plaisir de se retrouver pour faire la fête.

Matériaux et instruments de travail

LES MATÉRIAUX

Pour la réalisation des objets et des décorations illustrés dans les pages suivantes, on utilise des matériaux simples et naturels, que l'on peut trouver et recueillir au cours d'une promenade dans les bois, ou bien qui sont d'un usage courant et donc faciles à trouver à la maison ou que l'on peut acquérir sans dépenses importantes.

À RAMASSER DURANT UNE PROMENADE

- ✓ Pommes de pin
- ✓ Mousse
- ✓ Baies
- ✓ Feuilles
- ✓ Brindilles sèches
- ✓ Glands
- ✓ Fleurs à faire sécher
- ✓ Branches d'arbres à feuilles persistantes
- ✓ Châtaignes
- ✓ Marrons

EN MERCERIE

- ✓ Passementerie
- ✓ Rubans
- ✓ Dentelles
- ✓ Pompons
- ✓ Cordonnets
- ✓ Perles
- ✓ Fils de laine
- ✓ Tulle
- ✓ Tissus en coton
- ✓ Formes en polystyrène

IDÉES PRISES DANS LA NATURE

Pour les compositions d'éléments naturels séchés, il n'y a pas de règles fixes, à part le bon goût, le respect des proportions et l'attention portée aux formes et aux effets chromatiques. On peut réaliser des paniers, des guirlandes, des boules, des festons et des vases en employant différents éléments : ceux que nous indiquons dans nos instructions ne sont que des suggestions. Jardins et parcs des villes, prés et bois à la campagne, tout en fournissant un matériel précieux pour la cueillette, stimuleront votre fantaisie et votre créativité.

DANS LE GARDE-MANGER DE LA MAISON OU EN MAGASIN

- ✔ Pâtes de différentes formes
- ✔ Noix
- ✔ Noisettes
- ✔ Piments secs
- ✔ Clous de girofle
- ✔ Cannelle
- ✔ Anis étoilé
- ✔ Fleurs séchées

EN PAPETERIE ET EN BAZAR

- ✔ Papier de soie
- ✔ Carton souple
- ✔ Pots en terre cuite de différentes dimensions
- ✔ Bougeoirs
- ✔ Branches de pin synthétique
- ✔ Éléments de crèche
- ✔ Bougies et petite lampe à huile
- ✔ Napperons de dentelle en papier
- ✔ Peintures à l'eau
- ✔ Vernis en spray
- ✔ Neige en spray
- ✔ Plâtre en poudre
- ✔ Pâte à modeler
- ✔ Mousse synthétique hydro ou *dry*

MATÉRIAUX DE RÉCUPÉRATION

- ✔ Supports en carton des rouleaux de papier d'usage domestique
- ✔ Dessous de tartes en carton
- ✔ Boîtes de médicaments et de parfums vides
- ✔ Boîtes d'allumettes vides
- ✔ Boîtes d'œufs en carton

LES INSTRUMENTS

En ce qui concerne l'équipement, vous aurez besoin de certains instruments de base, toujours nécessaires, et d'autres particuliers que vous emploierez au cas par cas pour vos créations, suivant leurs exigences spécifiques de réalisation.

LE KIT DE BASE

- ✔ Ciseaux
- ✔ Cutter
- ✔ Pistolet à colle à chaud
- ✔ Bâtonnets de colle solide
- ✔ Ruban adhésif
- ✔ Épingles
- ✔ Feutres indélébiles

LES INSTRUMENTS PARTICULIERS

- ✔ Pinceaux
- ✔ Ciseaux à bouts ronds
- ✔ Bols en plastique
- ✔ Moules à biscuits
- ✔ Moules à chocolats
- ✔ Bacs à glaçons
- ✔ Rouleau à pâtisserie
- ✔ Fourchette en bois
- ✔ Couverts
- ✔ ...

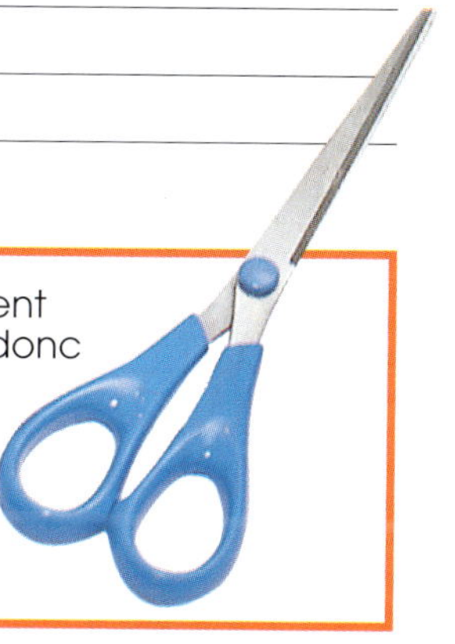

Les ciseaux servent toujours et sont donc sous-entendus dans le matériel nécessaire à chacune des réalisations.

QUANTITÉS ET MESURES

Les réalisations proposées nécessitent souvent des rubans, des tissus, des cordonnets ; les mesures relatives ne sont fournies que lorsque les supports de base utilisés (boules, paniers, boîtes) ont des dimensions standard ; dans tous les autres cas, la quantité de ruban ou de tissu nécessaire dépendra des mesures du support et ne sera donc pas indiquée : si la description prévoit une boule de 9 cm de diamètre, on indiquera la mesure exacte de la passementerie à coller tout autour, mais si le support de base est un panier en osier, il ne sera pas possible de donner la mesure exacte du ruban qui ornera les bords, car il est tout à fait improbable que vous puissiez trouver des paniers identiques à celui de notre modèle. De la même façon, il s'avère difficile d'indiquer le nombre exact de pommes de pin, de noix, de fleurs... nécessaires pour une composition, justement parce que les dimensions du support sont déterminantes, ainsi que celles de chaque élément : les noisettes peuvent être petites ou grandes, les pommes de pin sont très différentes entre elles, etc.

LE PISTOLET À COLLE À CHAUD

Le pistolet à colle à chaud est un outil précieux dans ce type de travail manuel : il permet le positionnement et la fixation instantanée de n'importe quel élément sur les supports les plus variés. On insère dans le pistolet une cartouche de colle solide, on attend que la température interne augmente et on appuie sur la détente : la colle liquéfiée sort du bec, prête à l'emploi. Ne vous préoccupez pas des fils produits par la colle durant l'utilisation du pistolet : une fois refroidis, ils seront très faciles à ôter.

Trois recommandations

✔ La colle sèche en quelques secondes : étalez-la juste avant de procéder à l'encollage.

✔ La colle liquide présente une température très élevée : faites très attention en l'utilisant et ne laissez pas le pistolet entre les mains d'un enfant.

✔ Si le support sur lequel vous fixez les éléments est en polystyrène, la colle ne doit pas être placée directement sur le support, qui risque de fondre, mais sur l'élément à coller dessus.

Pour l'Avent

Les calendriers de l'Avent remplissent d'une chaude atmosphère la période précédant Noël, du 1er au 24 décembre : ils réservent pour chaque jour la surprise d'une pensée, d'une douceur, d'un petit cadeau miniature, cachés à l'intérieur de petites cases, de sachets ou de tiroirs.
Notre calendrier est réalisé avec des boîtes d'allumettes et peut être offert comme l'avant-goût des cadeaux de Noël aux personnes que nous aimons.

LE CALENDRIER DE L'AVENT AVEC LES BOÎTES D'ALLUMETTES

MATÉRIEL

- 24 boîtes d'allumettes vides ;
- 120 cm de ruban en satin de 1,5 cm de large, dont 40 cm de rouge, 40 cm de vert, 40 cm d'imprimé fantaisie aux tonalités coordonnées ;
- 120 cm de ruban de satin rouge ou vert de 5 mm de large ;
- un ruban de satin rouge de 1 cm de large ;
- 2 carrés de feutrine verte de 9 cm de côté ;
- chiffres du 1 au 24, de 1 cm de haut ;
- 2 branches de pin synthétique ;
- une pomme de pin de mélèze ;
- quelques perles dorées ;
- un pistolet à colle à chaud ;
- ruban adhésif.

1. Ôtez la partie interne de chaque boîte d'allumettes, que vous appellerez dorénavant « tiroir », pour la distinguer de l'enveloppe externe **(photo A)**.

2. Étalez une couche de colle sur une boîte, sur un seul des côtés abrasifs servant pour allumer les allumettes.

A

3. Faites-y adhérer l'un des rubans en satin de 1,5 cm de large, en exerçant une légère pression avec le doigt, puis découpez le ruban le long de la boîte **(photo B)**.

4. Recommencez les opérations des points 2 et 3 sur toutes les boîtes, en appliquant huit fois le ruban rouge, huit fois le ruban vert, huit fois le ruban fantaisie.

5. Découpez dans le ruban en satin de 5 mm de large, 24 morceaux d'environ 5 cm de long chacun ; pliez-les en deux et fixez-les avec du ruban adhésif, en dessous des « tiroirs » des boîtes, sur *un seul* de leurs côtés les plus petits, en laissant dépasser la boucle qui servira de poignée **(photo C)**.

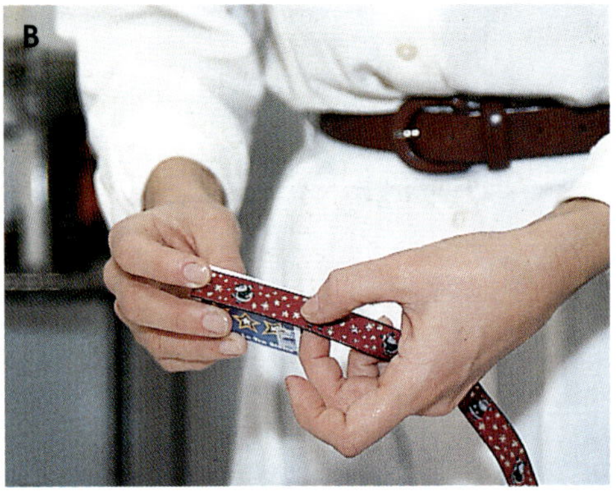
B

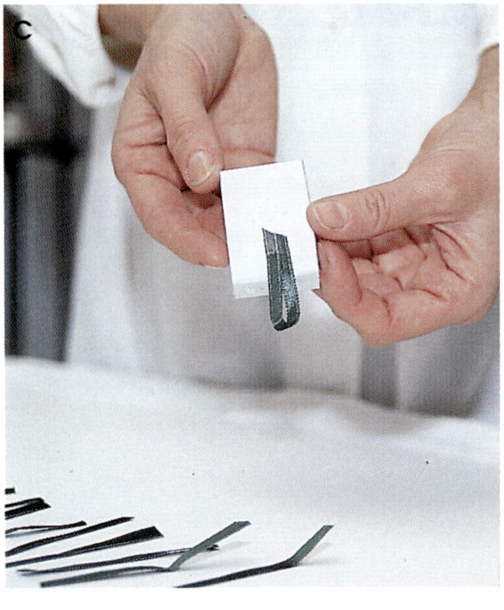
C

6. Sur le même côté de chaque tiroir, au centre, appliquez un chiffre autocollant **(photo D)**.

7. Disposez les 24 boîtes en six couches superposées, formées de quatre boîtes chacune. Procédez ainsi :

✔ placez les quatre premières boîtes comme l'indique la photo, en gardant à l'extérieur les côtés recouverts de tissu, et étalez une couche de colle sur la partie supérieure des quatre boîtes **(photo E)** ;

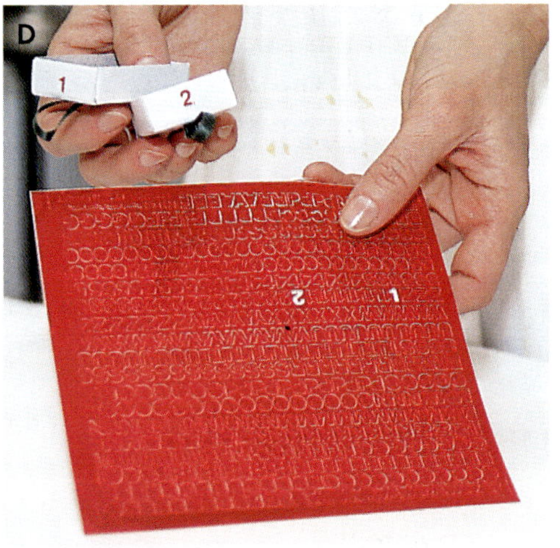
D

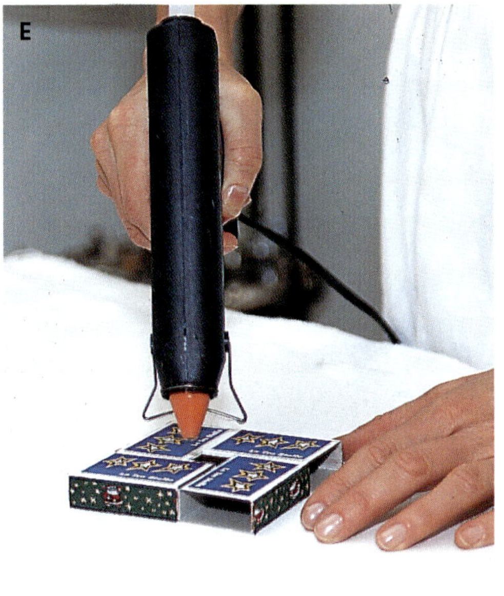
E

✔ collez sur la première couche, en exerçant une légère pression, quatre autres boîtes, en inversant l'ordre de disposition **(photo F)** ;

✔ poursuivez de cette façon jusqu'à la sixième couche, en utilisant toutes les boîtes.

8. Replacez les tiroirs dans leurs boîtes, en laissant à l'extérieur le côté portant le numéro et la poignée.

9. Étalez une couche de colle sur la partie supérieure du parallélépipède formé par les boîtes ; faites adhérer, en exerçant une légère pression, l'un des deux morceaux de feutrine verte. Recommencez l'opération sur le côté opposé **(photo G)**.

10. Posez les décorations au sommet de l'objet ;

✔ collez les branches de pin synthétique sur la feutrine verte ;

✔ placez au croisement des branches, un nœud rouge réalisé avec le ruban de 1 cm de large **(photo H)** ;

✔ disposez la pomme de pin au milieu du nœud ;

✔ parsemez la composition de perles dorées **(photo I)**.

11
5
7
13
12
18
16
22
14
2
10
20

LES PAILLES DORÉES POUR LA TABLE

À Noël, même la plus simple des tables peut s'illuminer de lueurs précieuses : il suffit d'une couche de vernis doré pour que tout prenne un nouvel éclat. Le set de table en paille, orné d'une petite bougie allumée, contribuera à rendre magique le réveil du matin de Noël, les dessous-de-plat et les sous-verre décorés recréeront les atmosphères splendides de l'hiver nordique.

LE SET DE TABLE POUR LE PETIT-DÉJEUNER ET LE GOBELET

MATÉRIEL POUR LE SET

- un set en paille ;
- une bombe de vernis spray couleur or ;
- un cordonnet en coton vert et un doré, dont le périmètre soit le même que celui du set ;
- un bougeoir ;
- une petite bougie blanche ;
- 50 cm de ruban en satin rouge lumineux ;
- un pistolet à colle à chaud.

A

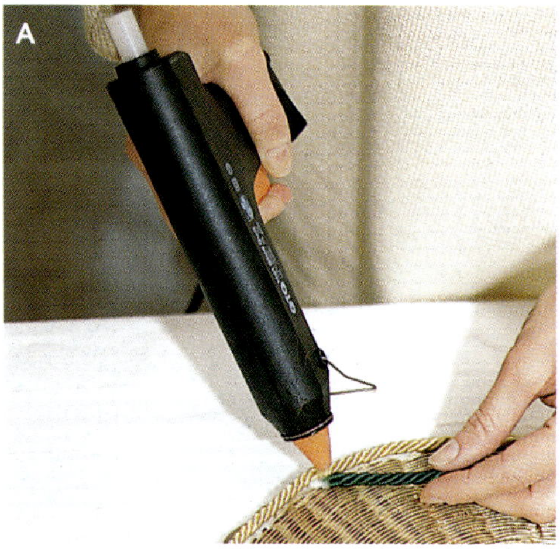

1. Couvrez le set d'un voile de vernis spray couleur or.

2. Avec la colle à chaud, fixez le cordonnet doré et le vert sur tout le tour du set, l'un à côté de l'autre **(photo A)**.

3. Avec de la colle à chaud, fixez le bougeoir sur un bord du set.

4. Formez un nœud avec le ruban rouge et placez-le sur le bougeoir **(photo B)**.

5. Placez la bougie dans le bougeoir.

MATÉRIEL POUR LE GOBELET

- un gobelet en paille ;
- une bombe de vernis en spray couleur or ;
- un cordonnet en coton vert et un doré, tous deux de même dimension que le bord du pot ;
- 50 cm de ruban en satin rouge lumineux ;
- une perle dorée ;
- un pistolet à colle à chaud.

B

1. Couvrez le gobelet d'une couche de vernis spray couleur or.

2. Avec la colle à chaud, fixez le cordonnet doré et le vert, le long du bord supérieur du pot **(photo A)**.

3. Formez un nœud avec le ruban rouge et fixez-le avec de la colle à chaud près du bord du gobelet.

4. Placez une perle dorée au milieu du nœud, en la fixant avec de la colle **(photo B)**.

LE DESSOUS-DE-PLAT DÉCORÉ

MATÉRIEL

- un dessous-de-plat en paille ;
- une bombe de vernis spray couleur or ;
- un disque en carton d'un diamètre d'environ 4 cm ;
- une pomme de pin sylvestre ;
- 2 petites pommes de pin ;
- 2 branches de pin synthétique ;
- un bâton de cannelle ;
- des piments secs ;
- anis étoilé ;
- perles dorées ;
- un petit morceau de ruban de satin rouge de 5 mm de large ;
- un pistolet à colle à chaud.

2. Encastrez les piments secs entre les bractées de la pomme de pin, puis étalez une couche de colle à chaud et fixez-la sur le disque en carton **(photo B)**.

3. Placez près de la pomme de pin les petites branches de pin synthétique, le bâton de cannelle, l'anis étoilé, le ruban rouge, les perles dorées, les deux petites pommes de pin, en fixant le tout avec un pistolet à colle à chaud **(photo C)**.

4. Étalez une couche de colle sous le disque en carton et fixez la composition sur le dessous-de-plat en paille **(photo D)**.

1. Recouvrez le dessous-de-plat en paille et le disque en carton d'une pellicule de vernis spray couleur or **(photo A)**.

A

B

C

D

LE SOUS-VERRE ET SON FAGOT

MATÉRIEL

- un sous-verre en paille ;
- une bombe de vernis spray couleur or ;
- quelques brindilles sèches très fines ;
- un fil de raphia ;
- un pistolet à colle à chaud.

1. Recouvrez le sous-verre d'une pellicule de vernis spray couleur or.

2. Avec le fil de raphia, attachez les brindilles sèches entre elles, de façon à former un petit fagot **(photo A)**.

3. Fixez le fagot sur le bord du sous-verre avec une couche de colle à chaud **(photo B)**.

A

B

LE DESSOUS-DE-BOUTEILLE FANTAISIE

MATÉRIEL

- un dessous-de-bouteille en paille ;
- une bombe de vernis spray couleur or ;
- quelques branches de pin synthétique ;
- 2 petits cubes en polystyrène ;
- un reste de papier cadeau doré ;
- un cordonnet doré ;
- quelques perles dorées ;
- un pistolet à colle à chaud.

1. Recouvrez le dessous-de-bouteille en paille d'une pellicule de vernis spray couleur or.

2. Étalez une couche de colle sur tout le tour du dessous-de-bouteille et fixez dessus les branches de pin synthétique **(photo A)**.

3. Emballez les deux cubes en polystyrène comme s'il s'agissait de cadeaux, en vous servant du papier cadeau et en fermant les paquets avec le cordonnet **(photo B)**.

4. Collez les deux paquets l'un à côté de l'autre sur les branches de pin, et complétez la composition avec les perles dorées **(photo C)**.

A

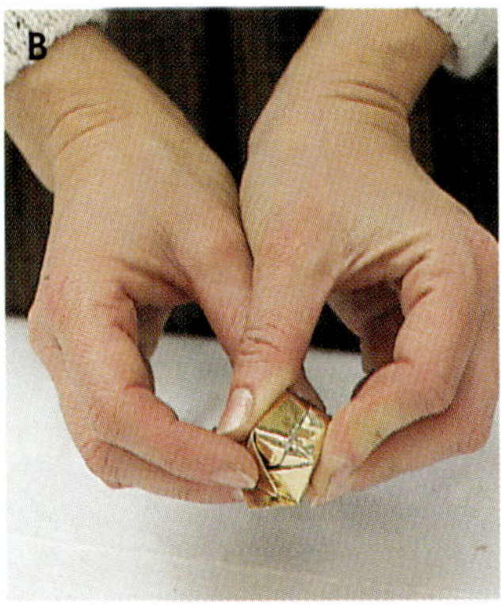
B

C

LE DESSOUS-DE-PLAT ET LE SOUS-VERRE À PERLES

MATÉRIEL POUR LE DESSOUS-DE-PLAT

- un dessous-de-plat en paille ;
- une bombe de vernis spray couleur or ;
- 4 grosses perles en verre ;
- une grosse perle dorée ;
- 10 cupules dorées ;
- un ruban doré ;
- un pistolet à colle à chaud.

1. Recouvrez le dessous-de-plat en paille d'une pellicule de vernis spray couleur or.

2. Étalez une couche de colle à chaud sur la base de la perle dorée et fixez-la sur le dessous-de-plat ; collez, de chaque côté de la perle dorée, deux cupules.

3. Collez deux cupules dorées de part et d'autre de chacune des perles en verre.

4. À droite et à gauche de la perle dorée, fixez quatre perles en verre avec de la colle à chaud **(photo A)**.

5. Formez un nœud avec le ruban doré et collez-le à l'extrémité de la rangée de perles.

MATÉRIEL POUR LE SOUS-VERRE

- un sous-verre en paille ;
- une bombe de vernis spray couleur or ;
- 3 grosses perles en verre ;
- 6 cupules dorées ;
- un ruban doré ;
- un pistolet à colle à chaud.

1. Suivez le même procédé que celui utilisé pour le dessous-de-plat à perles : sur le sous-verre, qui est plus petit, on ne met pas la perle dorée du milieu.

LE PATCHWORK SUR POLYSTYRÈNE

Pour alimenter l'atmosphère magique de Noël, découvrons la technique la plus typique de la tradition américaine et amusons-nous avec le patchwork.
Même si les travaux d'aiguilles ne vous sont pas familiers, vous pourrez réaliser de sympathiques objets en recouvrant simplement des formes en polystyrène (que l'on trouve en mercerie) avec des dessins country et des motifs provençaux : des boules pour l'arbre de Noël, des mobiles, des guirlandes festives, des centres de table, des cadeaux originaux et très personnels.

UNE PETITE BOULE POUR APPRENDRE LA TECHNIQUE DU PATCHWORK PAR INCISION

MATÉRIEL

- une petite boule en polystyrène ;
- des chutes de tissu en coton fantaisie ;
- un feutre indélébile à pointe fine ;
- un petit tournevis à pointe plate ou une petite lime à ongles ;
- une paire de ciseaux à bouts ronds ;
- un cutter.

1. Avec un feutre, partagez la surface de la boule en polystyrène en plusieurs polygones irréguliers.

2. Découpez les lignes tracées au cutter **(photo A)**.

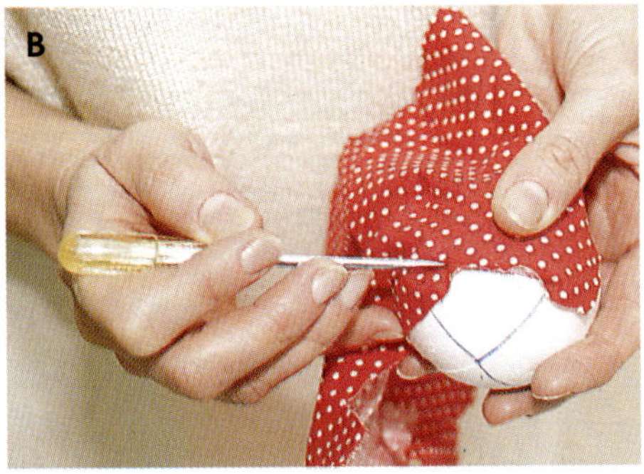

3. En vous aidant du tournevis, insérez une chute de tissu à l'intérieur des fentes, de façon à recouvrir complètement l'un des polygones dessinés précédemment **(photo B)**.

4. Avec la paire de ciseaux aux pointes à bouts ronds, découpez le tissu excédentaire.

5. Finissez votre ouvrage en faisant en sorte que le tissu soit bien tendu et complètement enfilé dans les fentes **(photo C)**.

6. Continuez en recouvrant au fur et à mesure toute la surface de la boule, en faisant alterner les chutes de tissu de différentes couleurs et imprimés.

LA BOULE DE NOËL

MATÉRIEL

- une boule en polystyrène de 9 cm de diamètre ;
- 3 morceaux de tissu en coton fantaisie, de différentes couleurs et de 10 x 30 cm environ chacun : l'un à dominante rouge, l'autre à dominante verte et le troisième imprimé sur le thème de Noël ;
- 35 cm de ruban en satin vert de 1 cm de large ;
- 30 cm de ruban en feutrine verte ;
- ruban adhésif ;
- un feutre indélébile ;
- un cutter ;
- un petit tournevis à pointe plate ;
- 2 épingles, dont une à tête colorée

1. Avec le ruban adhésif, partagez la boule en polystyrène en quatre quartiers **(photo A)**.

2. Avec le ruban de feutrine, suivez les bords du ruban adhésif : la boule sera alors partagée en quatre quartiers séparés entre eux par une bande. Enlevez le ruban adhésif.

A

3. Au milieu de chaque quartier, dessinez un rond, éventuellement à l'aide d'un petit couvercle **(photo B)**.

4. Partagez chaque quartier, à l'exception du rond central, en quatre parties égales **(dessin C)**.

B

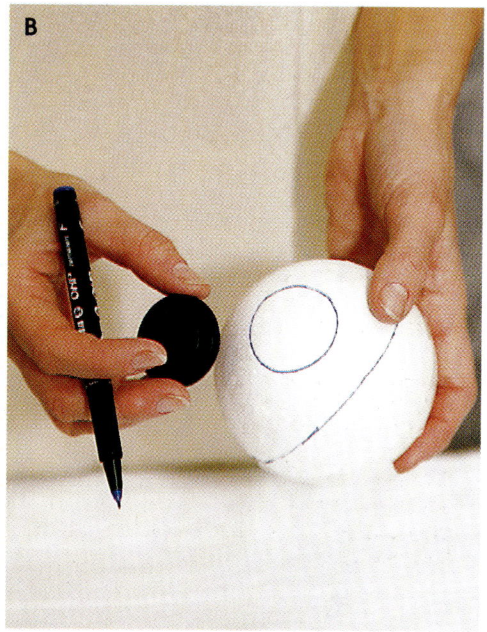

C

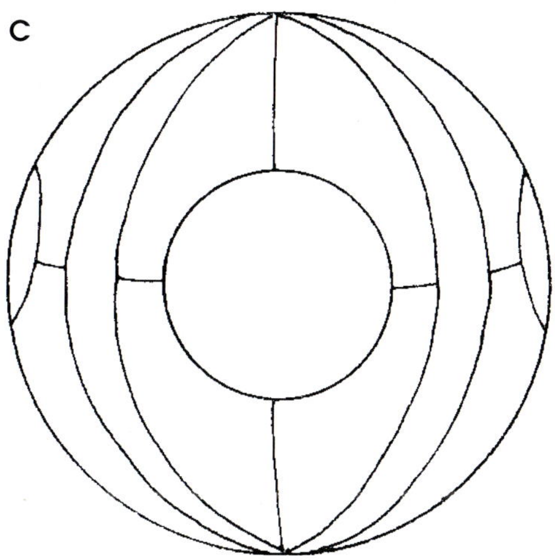

5. Découpez au cutter les lignes tracées au feutre.

6. Insérez le tissu dans les fentes, à l'aide d'un tournevis plat et en découpant le tissu en trop (voir page 26) : recouvrez toutes les parties qui forment la boule, suivant le schéma suggéré **(dessin D et photo E)**.

7. Avec le ruban en satin, faites un nœud décoratif et appliquez-le au sommet de la boule, en le fixant avec l'épingle à tête colorée **(dessin F et photo G)**.

D

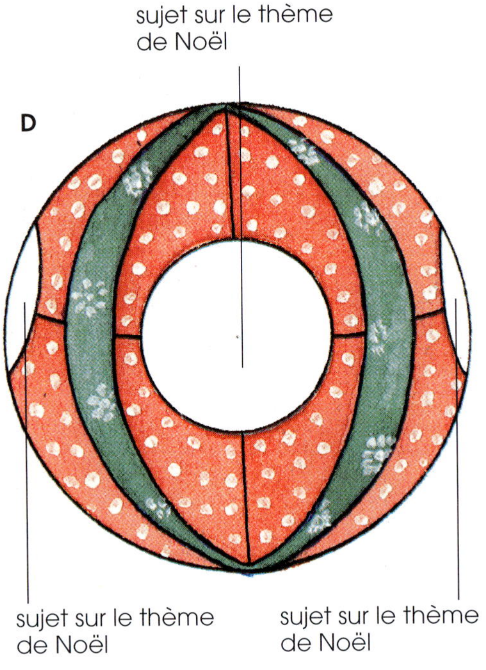

F

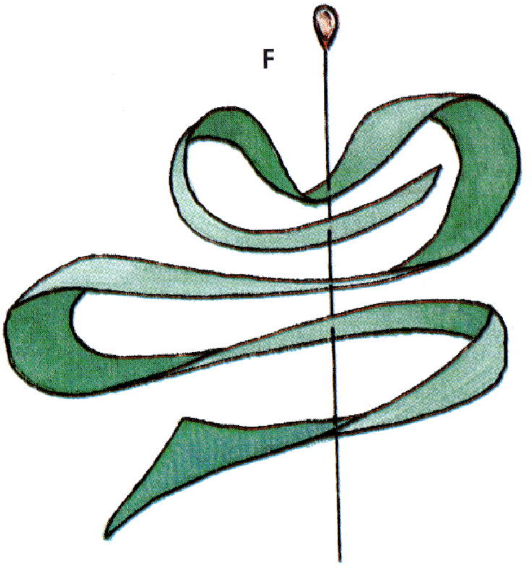

E

G

8. Avec le ruban en feutrine verte, réalisez la boucle qui servira à accrocher la boule : formez un lacet en nouant entre elles les deux extrémités du ruban en feutre et fixez le petit crochet à la boule, à l'aide d'une épingle **(dessin H)**.

H

VARIANTES

Avec la même technique, vous pouvez réaliser d'autres boules, en faisant simplement varier le dessin de base tracé sur le polystyrène au feutre et en mariant les tissus suivant votre imagination.

LES FLEURS DE NOËL

MATÉRIEL

- une boule en polystyrène de 5,5 cm de diamètre ;
- quelques chutes de tissu imprimés à thème de Noël coordonnés entre eux ;
- un petit napperon en dentelle en papier blanc ;
- un bâtonnet en balsa de 5 mm de diamètre ;
- un ruban en satin vert de 1 cm de large ;
- 90 cm de ruban en satin rouge de 5 mm de large ;
- un feutre indélébile ;
- un cutter ;
- un petit tournevis à pointe plate ;
- une paire de ciseaux à bouts ronds ;
- 4 épingles, dont une à tête colorée.

1. Confectionnez la boule en polystyrène, suivant la technique patchwork illustrée en page 26 **(photo A)**.

2. Fixez le ruban en satin vert avec une pointe de colle à la base du bâtonnet en balsa ; enroulez le ruban autour du bâtonnet, en spirales larges, et fixez-le avec un autre point de colle à l'autre extrémité **(photo B)**.

3. Enfilez sur le bâton d'abord le petit napperon, puis la boule patchwork, en la fixant avec un peu de colle au sommet du bâton lui-même.

4. Découpez le ruban rouge en trois morceaux de 30 cm de long chacun.

5. Enfilez une épingle au centre de chaque morceau de ruban, à fixer ensuite autour de la base de la boule **(photo C)**.

6. Placez le petit napperon juste en dessous de la boule, en le fixant éventuellement avec un point de colle.

7. Avec le ruban vert, formez un nœud comme illustré en page 28, et fixez-le avec une épingle à tête colorée, au sommet de la boule **(photo D)**.

A

B

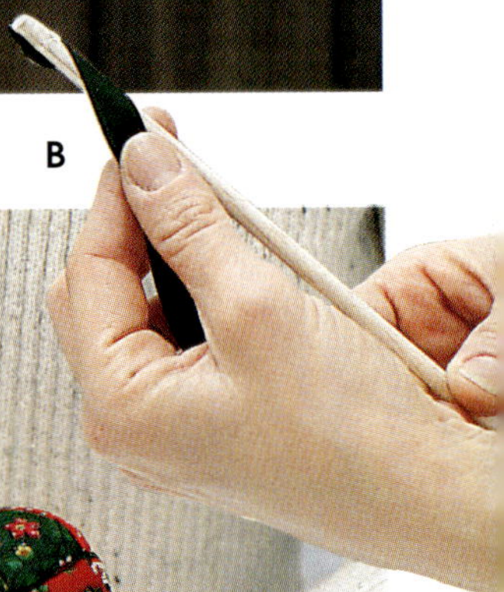

C

D

LE MOBILE

MATÉRIEL

- 3 boules en polystyrène de différentes tailles ;
- quelques morceaux de tissu pour recouvrir les 3 boules : par exemple, un tissu bleu imprimé d'étoiles argentées, et un bleu uni ;
- un ruban en satin bleu de 5 mm de large ;
- un ruban en satin bleu de 2 cm de large ;
- une passementerie dorée de 1 cm de large ;
- une clochette dorée ;
- 4 perles dorées avec un trou aussi grand que l'aiguille utilisée ;
- quelques épingles ;
- une aiguillée de coton à broder ;
- une aiguille de tapissier ;
- un feutre indélébile ;
- un cutter ;
- un petit tournevis à pointe plate ;
- une paire de ciseaux à bouts ronds.

1. Tracez au feutre sur les boules en polystyrène le dessin ou le motif désiré **(photo A)**.

A

2. Découpez les lignes au cutter et insérez le tissu dans les fentes, en utilisant la technique déjà décrite en page 26 : faites alterner les tissus à votre goût **(photo B)**.

3. Entourez la circonférence de la plus grande boule avec la passementerie dorée et fixez-la avec une épingle **(photo C)**.

B

C

4. Découpez plusieurs morceaux de passementerie et de ruban bleu de 5 mm de large, d'environ 20 cm de long chacun.

5. Pour confectionner le mobile, préparez l'aiguille de tapissier avec une grande aiguillée de coton : enfilez la clochette dorée et faites un nœud, puis un morceau de passementerie dorée, deux morceaux de ruban bleu, une perle dorée, un morceau de passementerie **(photo D)**.

6. Poussez l'aiguille à l'intérieur de la boule la plus petite, en la transperçant d'une extrémité à l'autre **(photo E)**.

7. Enfilez ensuite un morceau de passementerie, deux morceaux de ruban bleu, une perle, un morceau de ruban bleu ; puis poussez l'aiguille à l'intérieur de la boule moyenne, en la transperçant d'une extrémité à l'autre.

D

E

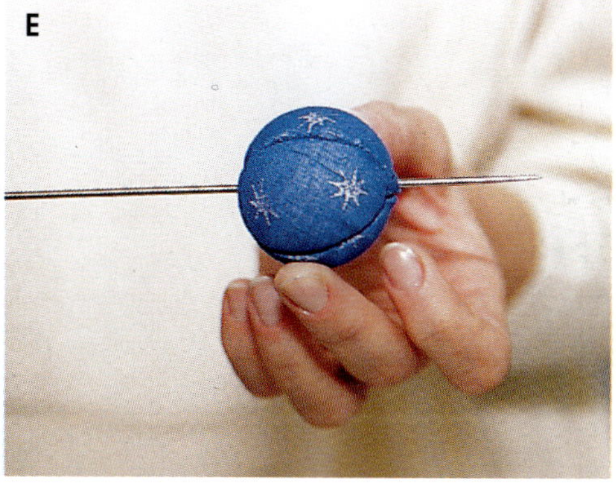

8. Enfilez un morceau de passementerie, un nœud réalisé avec 30 cm de ruban bleu de 2 cm de large (voir le dessin en page 28), un morceau de ruban bleu de 5 mm de large, une perle, un morceau de ruban bleu, un morceau de passementerie.

9. Poussez l'aiguille à l'intérieur de la boule la plus grande, en la transperçant d'une extrémité à l'autre **(photo F)**.

10. Formez un gros nœud avec le ruban bleu de 2 cm de large (voir le dessin en page 28), superposez à ce nœud bleu un autre nœud réalisé avec la passementerie dorée et enfilez les deux nœuds avec l'aiguille **(photo G)**.

F

G

11. Fermez la rangée avec une perle dorée et nouez le fil de coton sur lequel le mobile est réalisé par quelques points serrés, cachés à la base de la perle, au milieu des nœuds.

12. Avec le ruban bleu de 5 mm de large, faites une boucle pour accrocher le mobile (voir la technique page 29).

En transperçant les formes en polystyrène recouvertes à l'aide d'une aiguille, il arrive qu'au moment où l'aiguille ressort, le tissu sorte de la fente où il avait été enfilé. Si cela se produit, il suffit de remettre le tissu dans la fente à l'aide d'un tournevis.

LES ÉTOILES

par M. Gasparini

MATÉRIEL

- quelques étoiles en polystyrène ;
- quelques chutes de tissu fantaisie, imprimé à thème de Noël ;
- un cordonnet doré ;
- un ruban rouge de 5 mm de large ;
- des petites perles blanches et dorées, trouées ;
- épingles à têtes dorées ;
- un feutre indélébile ;
- un cutter ;
- un petit tournevis à pointe plate ;
- une paire de ciseaux à bouts ronds.

1. Dessinez plusieurs quartiers au feutre et découpez au cutter les lignes tracées, en accordant une attention particulière aux pointes.

2. Recouvrez les étoiles de différents tissus selon vos goûts, en suivant la technique déjà illustrée en page 26.

3. Recouvrez les jonctions entre les quartiers avec le cordonnet doré, en le fixant avec des épingles.

4. Décorez le milieu et les pointes des étoiles avec des petites perles, en les enfilant avec des épingles ; vous pouvez également utiliser la petite perle épinglée pour fixer solidement sur l'étoile un nœud réalisé avec du ruban rouge.

5. Avec le ruban et le cordonnet doré, créez aussi les boucles qui serviront à accrocher les étoiles, en les fixant avec les épingles.

LE FESTON DE NOËL

MATÉRIEL

- quelques cœurs et boules en polystyrène ;
- plusieurs morceaux de tissu pour recouvrir les cœurs et les boules : par exemple, un imprimé à thème de Noël à dominante rouge, un à dominante verte, et un imprimé fleuri vert clair ;
- un ruban en satin vert de 1 cm de large ;
- un ruban en satin rouge de 1 cm de large ;
- des clochettes dorées (autant qu'il y a de cœurs en polystyrène) ;
- perles en bois (une de plus que le nombre total de cœurs et de boules) avec un trou aussi grand que l'aiguille utilisée ;
- épingles à tête colorée (autant que de cœurs) ;
- un peu de laine rouge ;
- une aiguille de tapissier ;
- un feutre indélébile ;
- un cutter ;
- un petit tournevis à pointe plate ;
- une paire de ciseaux à bouts ronds.

1. À l'aide d'un feutre, divisez les boules en quatre quartiers ; tracez sur les cœurs une ligne correspondant à leur périmètre, ainsi qu'au deux diagonales de chaque côté.

2. Découpez au cutter les lignes tracées et insérez le tissu dans les fentes, en utilisant la technique déjà décrite en page 26. Continuez jusqu'à recouvrir entièrement de tissu toutes les boules et tous les cœurs en polystyrène :

✓ pour les boules : recouvrez deux quartiers avec le tissu vert fleuri utilisé à l'endroit, et deux alternés, avec le même tissu utilisé à l'envers ;

✓ pour les cœurs : faites alterner les imprimés à thème de Noël à dominante rouge et verte, sur les huit secteurs qui les divisent tous.

3. Pour confectionner le feston :

✓ préparez l'aiguille de tapissier avec une longue aiguillée de laine rouge ;

✓ enfilez une perle en bois **(photo A)** ;

✓ poussez l'aiguille à l'intérieur d'une boule patchwork en faisant en sorte que l'aiguille rentre à une extrémité et ressorte à l'opposé **(photo B)** ;

✓ enfilez ensuite une autre perle en bois et un cœur, de sorte que l'aiguille entre et sorte à la même hauteur **(photo C)** ;

✓ recommencez jusqu'à ce que vous ayez épuisé tous les éléments dont vous disposez, en fermant la rangée par une boule et une perle en bois.

A
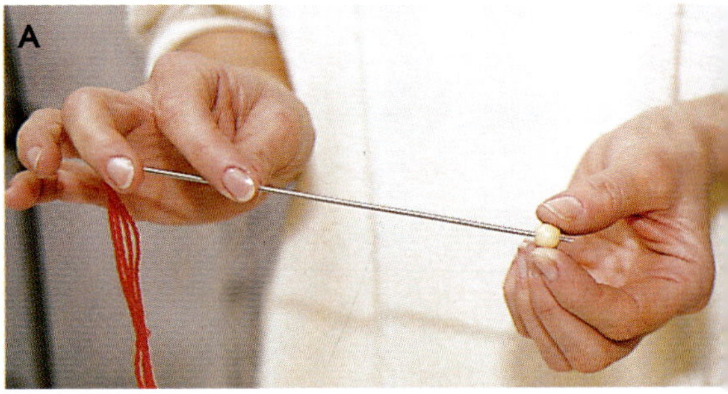

B

C

4. Réalisez un petit pompon pour chacun des cœurs : découpez un morceau de ruban rouge de 20 cm de long, un vert de 15 cm de long et pliez-les tous les deux à la moitié ; avec un autre morceau de ruban vert de 20 cm de long, formez un nœud.

5. Enfilez une clochette sur une épingle colorée, ainsi que le ruban rouge, le ruban et le nœud verts, puis enfilez l'épingle dans la pointe du cœur **(photos D, E et F)**.

6. Accrochez la décoration en vous servant de la laine qui dépasse de chaque côté du chapelet.

D

E

F

LA GUIRLANDE

par M. Gasparini

MATÉRIEL

- une guirlande en polystyrène ;
- quelques chutes de tissu fantaisie à thème de Noël ;
- un ruban rouge de 5 mm de large ;
- un ruban doré de 7 mm de large environ ;
- une perle dorée ;
- épingles ;
- une feuille de papier ;
- un feutre indélébile ;
- un cutter ;
- un petit tournevis à pointe plate ;
- une paire de ciseaux à bouts ronds.

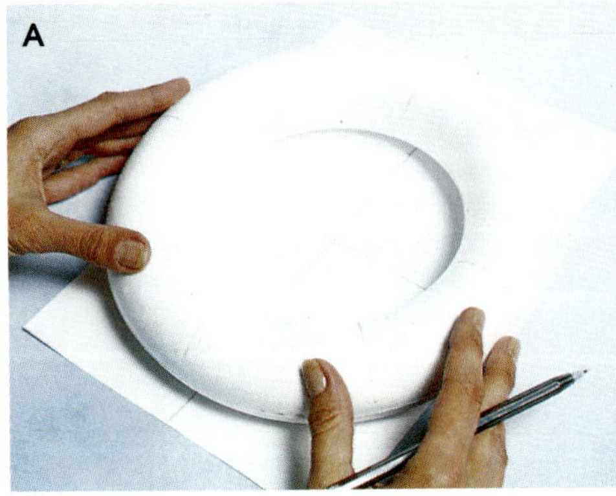
A

B

1. Dessinez sur une feuille de papier deux lignes perpendiculaires entre elles. Posez la guirlande sur la feuille, en faisant coïncider le centre de la guirlande avec le point de croisement des deux lignes **(photo A)**.

2. Prolongez les lignes en traçant quatre lignes sur la guirlande ; faites-la tourner à 45 ° et recommencez l'opération : de cette façon, vous aurez divisé la guirlande en huit segments égaux **(photo B)**.

3. Découpez au cutter les lignes tracées puis, en utilisant la technique habituelle décrite en page 26, recouvrez la guirlande en utilisant les différents tissus.

4. Avec les rubans rouge et doré, réalisez des nœuds, que vous fixerez sur la guirlande avec des épingles. Complétez la décoration avec la perle dorée enfilée sur un ruban.

5. Faites une boucle à crochet avec le ruban rouge que vous fixerez sur la guirlande à l'aide d'épingles.

L'ARBRE DE NOËL

par M. Gasparini

Technique par incision

MATÉRIEL

- un cône en polystyrène ;
- une demi-sphère en polystyrène de 7 cm de diamètre ;
- deux morceaux de tissu imprimé à thème de Noël, dans les tons de vert ;
- un morceau de tissu à dominante rouge ;
- un ruban rouge de 5 mm de large ;
- un cordonnet de satin rouge plutôt épais ;
- des perles blanches, trouées ;
- épingles à tête dorée ;
- un petit pot en terre cuite pouvant contenir la demi-sphère en polystyrène ;
- un bâtonnet en bois ;
- un feutre indélébile ;
- une règle ;
- un cutter ;
- un petit tournevis à pointe plate ;
- une paire de ciseaux à bouts ronds ;
- un pistolet à colle à chaud.

1. Divisez la surface du cône en polystyrène à l'aide d'un feutre, comme l'illustrent les photographies **(photos A, B, C et D).**

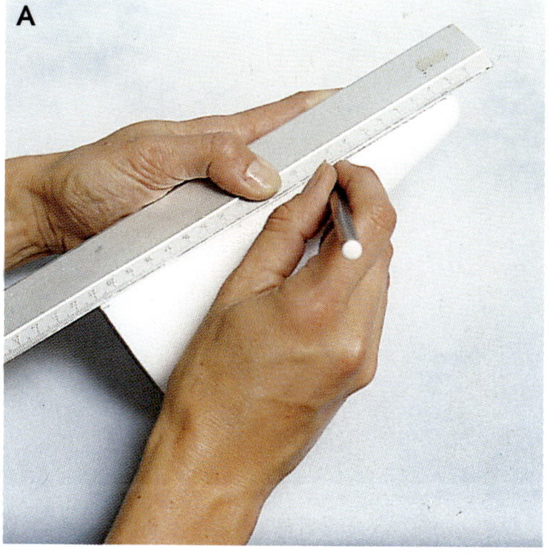

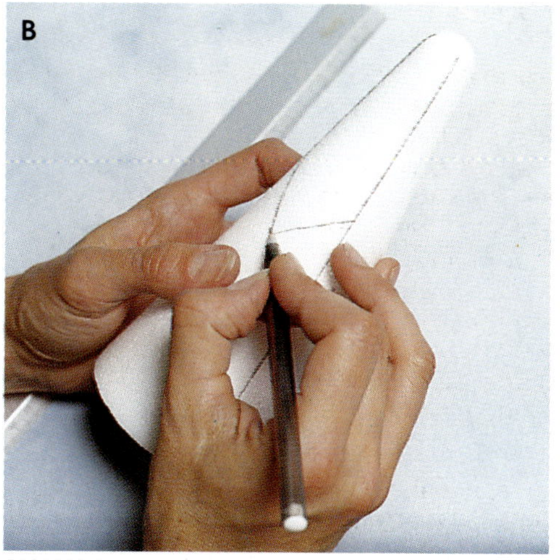

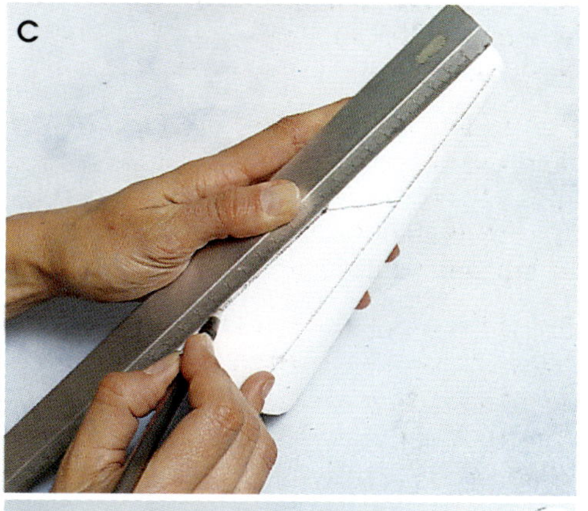

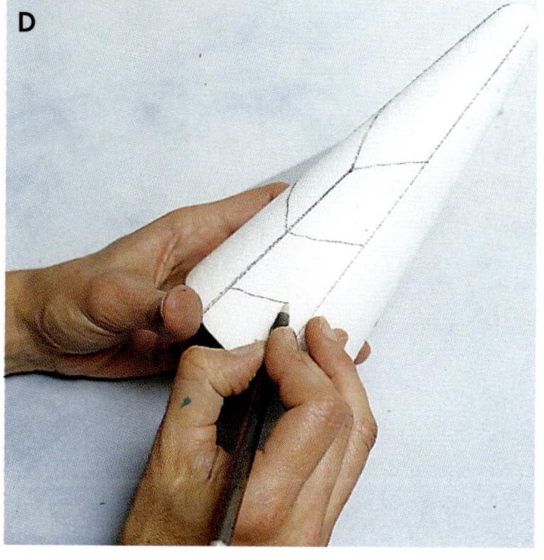

2. Découpez les lignes tracées et recouvrez le cône avec les tissus verts, suivant la technique habituelle (voir page 26).

3. Décorez-le avec des petits rubans rouges et des perles ; fixez avec des épingles.

4. Recouvrez aussi la demi-sphère en polystyrène, avec du tissu rouge, suivant la technique du patchwork par incision.

5. Préparez le pot en terre cuite, en le recouvrant avec le cordonnet en satin rouge, enroulé et encollé sur lui-même. Pour effectuer cette opération, partez du bord supérieur du pot.

6. Trouez la base du cône et le centre de la demi-sphère, en enfilant dans les trous réalisés les deux extrémités d'un bâtonnet en bois (le tronc de l'arbre).

7. Insérez la base de l'arbre, c'est-à-dire la demi-sphère, dans le pot.

Technique en relief

MATÉRIEL

- un cône en polystyrène assez grand ;
- une demi-sphère en polystyrène de 7 cm de diamètre ;
- quelques morceaux de tissu imprimé à thème de Noël, dans les tons de vert ;
- un ruban de dentelle couleur crème ;
- un ruban de satin couleur crème ;
- perles blanches, trouées ;
- épingles, dont certaines à tête dorée ;
- un pot en terre cuite capable de contenir la demi-sphère en polystyrène ;
- un bâtonnet en bois ;
- un feutre indélébile ;
- une règle ;
- un cutter ;
- un petit tournevis à pointe plate ;
- une paire de ciseaux à bouts ronds.

1. Préparez de nombreux petits carrés de tissu, de 6 cm de côté ; repliez chacun d'eux deux fois, en diagonale, en obtenant ainsi des triangles de quatre couches de tissu **(photo A)**.

2. Placez le premier triangle à la base du cône, en faisant dépasser la pointe et en le fixant avec deux épingles.

A

3. Placez le deuxième triangle à côté du premier. Poursuivez de cette façon jusqu'à ce que vous ayez complété le tour **(photo B)**.

4. Recouvrez les espaces laissés libres entre les triangles par d'autres petits triangles à la même hauteur par rapport à la base du cône **(photo C)**.

B

C

5. Une fois ce premier tour achevé, superposez par moitié les triangles du deuxième tour, en les alignant sur ceux du dessous **(photo D)**.

6. Poursuivez de cette façon jusqu'à recouvrir le cône entier **(photo E)**.

7. Décorez l'arbre avec les petites perles et les nœuds réalisés avec les rubans et fixez-les avec des épingles à tête dorée.

8. Recouvrez suivant la technique du patchwork par incision, illustrée page 26, la demi-sphère en polystyrène ; pratiquez un trou au milieu.

9. Trouez également la base du cône et enfilez-y le bâtonnet en bois, qui servira pour fixer l'arbre à sa base, c'est-à-dire à la demi-sphère **(photo F)**.

10. Placez l'arbre dans le pot.

D

E

F

LES GUIRLANDES ET LES FESTONS EN TISSU

Les guirlandes croisées faites de tissus country et de cotons naturels viennent tout droit de la vieille Amérique. Faciles à réaliser, les guirlandes servent non seulement d'élément décoratif très réussi, mais aussi de cadeau important. Symboles de chance, d'abondance et de fécondité, elles embellissent les portails, les vitrines des magasins, les cuisines et les salons ; elles seront parfaites accrochées au-dessus de la cheminée ou posées près de l'arbre de Noël.

LA GUIRLANDE AU NATUREL

MATÉRIEL

- 2 ou 3 tissus coordonnés en teinte naturelle, dont on puisse tirer 3 bandes de 1 m de long et de 13 cm de large, et une de 1 m de long et 20 cm de large ;
- 50 cm de ruban en satin blanc de 7 cm de large ; 1 m de ruban en tissu en teinte naturelle de 1 cm de large ;
- 1 m environ d'une rangée de perles dorées d'arbre de Noël ;
- 20 cm de cordonnet en coton blanc ;
- ouate synthétique de rembourrage ;
- un fil de couture très résistant ;
- une grosse aiguille ;
- une aiguille à tricoter ou une fourchette en bois ;
- une machine à coudre ;
- colle.

A

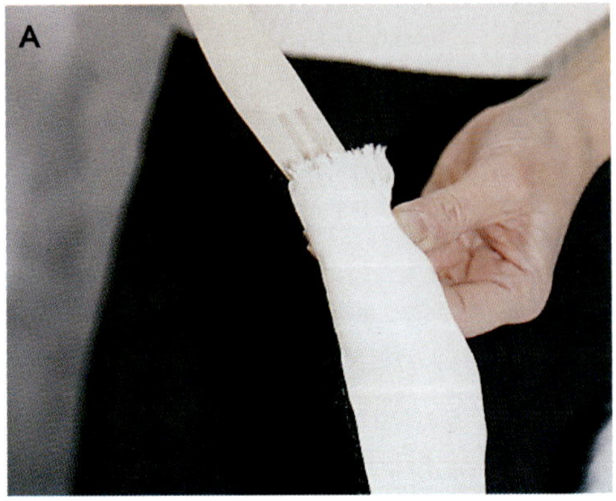

1. Prenez les quatre bandes de tissu, repliez-les à la moitié dans le sens de la longueur et repassez-les sur l'envers.

B

2. Avec la machine à coudre, effectuez une couture sur l'envers, le long des bords des bandes, de façon qu'elles soient fermées sur trois côtés.

3. Retournez les bandes de tissu à l'aide d'une aiguille à tricoter.

4. Effectuez une couture sur la bande la plus large, de façon à la fermer sur les quatre côtés.

5. À l'aide d'une aiguille à tricoter ou d'une fourchette en bois, rembourrez d'ouate les trois bandes restantes ; le rembourrage ne doit pas être trop dense **(photo A)**.

6. Cousez solidement entre eux les cylindres rembourrés, du côté ouvert **(photo B)**.

C

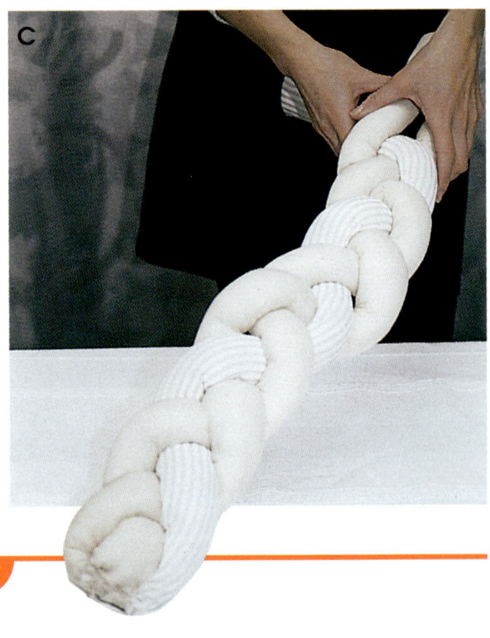

7. Formez avec les cylindres une tresse souple et fixez-la bien à la fin, avec du fil et une aiguille **(photo C)**.

8. Réunissez en cercle les deux extrémités de la tresse et cousez-les en les renforçant bien **(photo D)**.

9. Faites passer le ruban en tissu naturel dans les plis de la tresse et fixez-en les deux extrémités avec un point de colle **(photo E)**.

10. Entourez la bande de tissu non rembourré autour de l'attache de la tresse et formez un nœud.

11. Avant de serrer le nœud définitivement, placez au centre le ruban en satin, en formant un autre nœud avec **(photo F)**.

12. Passez la rangée de perles dorées au milieu des plis de la tresse et fixez-en les deux extrémités avec un point de colle **(photo G)**.

13. Réalisez le crochet pour suspendre la guirlande : passez le cordonnet dans la partie supérieure de la guirlande ; formez une boucle en attachant entre elles les deux extrémités du cordonnet et en cachant le nœud dans la tresse.

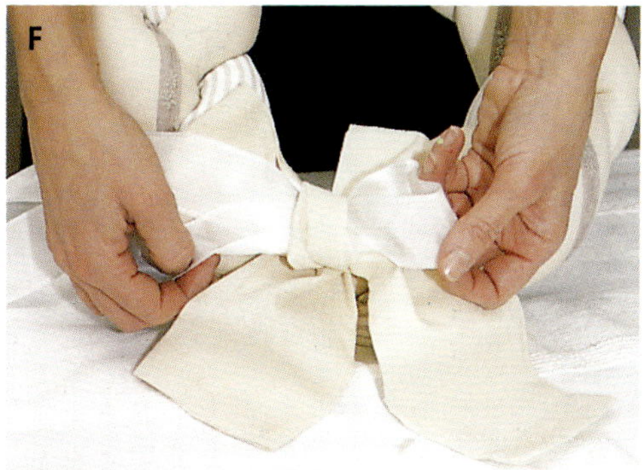

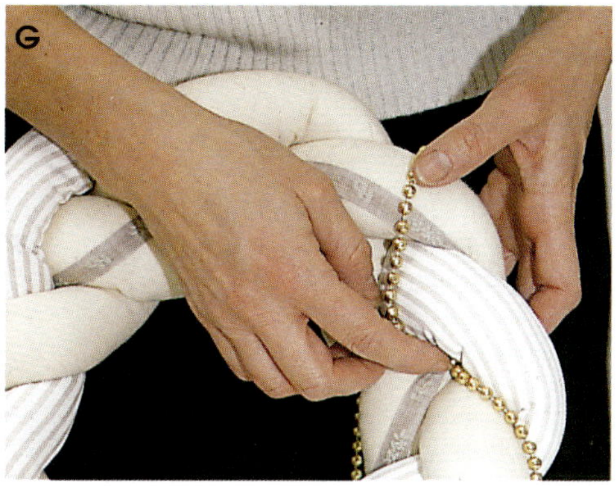

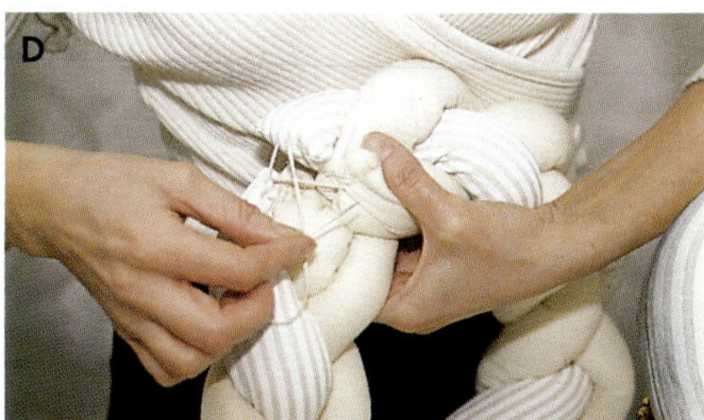

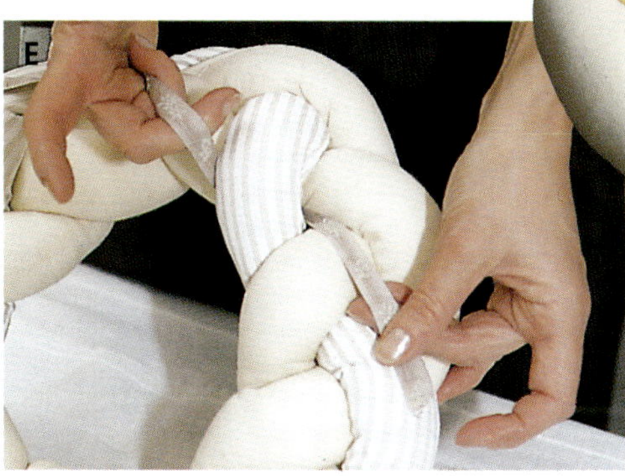

LA GUIRLANDE AVEC DES FRUITS DE LIQUIDAMBAR DORÉS

MATÉRIEL

- 2 ou 3 morceaux de tissus coordonnés dans les tons de vert, dont on puisse tirer 3 bandes de 1 m de long et 13 cm de large et une de 1 m de long et 20 cm de large ;
- 50 cm de ruban en satin vert de 7 cm de large ;
- 50 cm de ruban en tissu doré ;
- 120 cm de cordon vert en coton ;
- ouate synthétique de rembourrage ;
- 8 fruits de liquidambar (ils sont très répandus : ronds et semblables à des petits oursins, on les trouve dans les jardins publics ou on les achète dans les boutiques de fleurs séchées) recouverts de vernis doré ;
- fil de couture très résistant ;
- une grosse aiguille ;
- une aiguille à tricoter ou une fourchette en bois ;
- une machine à coudre ;
- colle.

A

1. Réalisez la guirlande suivant la même technique que celle illustrée précédemment (points 1 à 8).

2. Passez 1 m de cordon vert dans les plis de la tresse, en fixant les deux extrémités avec un point de colle **(photo A)**.

3. Entourez l'attache de la tresse d'une bande de tissu non rembourrée et formez un nœud.

4. Avant de serrer le nœud de manière définitive, placez dans sa partie centrale le ruban en satin, en le faisant retomber en deux longues queues et un nœud confectionné avec le ruban doré.

B

5. Fixez avec un point de colle les fruits de liquidambar le long de la tresse **(photo B)**.

6. Avec les 20 cm de cordon restants, réalisez la boucle pour accrocher la guirlande, suivant la technique expliquée au point 13 de la page 47.

LA GUIRLANDE EN RAPHIA

MATÉRIEL

- 2 ou 3 morceaux de tissus coordonnés, de teinte naturelle, dont on puisse tirer 3 bandes de 1 m de long et 13 cm de large et une bande de 1 m de long et 20 cm de large ;
- 1 m de ruban en chiffon rouge de 10 cm de large ;
- 50 cm de ruban en satin couleur crème de 5 cm de large ;
- 50 cm de ruban en satin vert de 5 mm de large ;
- 50 cm de ruban en satin rouge de 5 mm de large ;
- raphia ;
- 20 cm de cordonnet en coton de teinte naturelle ;
- ouate synthétique pour rembourrage ;
- fil de couture très résistant ;
- une grosse aiguille ;
- une aiguille à tricoter ou une fourchette en bois ;
- une machine à coudre ;
- colle.

1. Réalisez la guirlande suivant la technique déjà illustrée (pages 46-47, points 1 à 8).

2. Formez 5 bouquets de raphia de 40 cm de long et passez-les à travers la tresse **(photo A)**.

3. À la fin de chacun d'eux, formez un nœud avec le raphia. Avant de le serrer, placez au milieu un ruban vert et un ruban rouge de 10 cm ; égalisez aux ciseaux **(photo B)**.

4. Enroulez le ruban en chiffon autour du point d'attache de la tresse et formez un nœud.

5. Avant de le serrer définitivement, placez au milieu le ruban en satin couleur crème et celui en satin vert en les faisant retomber en deux longues queues.

6. Réalisez le crochet pour suspendre la guirlande avec le cordonnet selon les instructions de la page 47, point 13.

LA GUIRLANDE ROUGE

par C. Maspes et A. Rizzi

À propos de guirlandes, nous vous en suggérons une très particulière, facile à réaliser, mais très spectaculaire car faite de fleurs fraîches.

MATÉRIEL

- 10 anémones rouges bien écloses ;
- 3 roses « black beauty » ;
- 3 roses « amour » ;
- 3 branches de roses « Tango » ;
- 2 branches de Brunia albiflora ;
- feuillage d'asparagus ;
- un petit bouquet de piments séchés ;
- feuillage de saule ;
- sarments de lierre vert ;
- sarments de vigne sans feuilles ;
- 5 bâtonnets de cannelle ;
- une petite couronne en mousse synthétique (25 cm de diamètre).

1. Saturez la mousse d'eau et créez une base verte avec les feuillages de salix et d'asparagus.

2. Insérez les anémones, les roses, la Brunia albiflora et les piments.

3. Liez les bâtonnets de cannelle et croisez les feuillages de vigne et de lierre, en les utilisant comme décoration finale.

LE FESTON D'ANNEAUX EN TISSU

MATÉRIEL

Pour un feston de 5 anneaux :

- un tissu en coton naturel d'où tirer 5 bandes de tissu de 35 cm de long et 10 cm de large ;
- 150 cm de ruban en coton de teinte naturelle, de 7 cm de large ;
- 1 m de ruban en tissu à thème de Noël de 2 cm de large ;
- ouate synthétique de rembourrage ;
- fil de couture très résistant ;
- une grosse aiguille ;
- une aiguille à tricoter ou une fourchette en bois ;
- une machine à coudre ;
- une machine pour coudre des points métalliques.

1. Pliez les cinq bandes de tissu à la moitié dans le sens de la longueur, et repassez-les sur l'envers.

2. Avec la machine à coudre, fermez trois côtés des bandes.

3. Retournez les tubes de tissu ainsi obtenus à l'aide d'une aiguille à tricoter.

4. Avec l'aiguille à tricoter ou la fourchette en bois, rembourrez-les avec l'ouate ; le rembourrage ne doit pas être trop dense.

5. Fermez en anneau chacun des cylindres rembourrés, en cousant entre elles leurs deux extrémités.

6. Partagez le ruban en coton naturel et le ruban à thème de Noël en cinq parties égales.

7. Unissez tous les anneaux les uns aux autres, par un nœud réalisé avec le ruban en teinte naturelle ; faites en sorte que le ruban couvre les deux attaches des anneaux **(photo A)**.

8. Avant de serrer le ruban en coton autour des anneaux, insérez au milieu du nœud, le ruban à thème de Noël, en le laissant retomber en deux queues **(photo B)**.

9. Pour accrocher le feston, faites deux boucles aux deux extrémités, en utilisant le ruban à thème de Noël stoppé par quelques points métalliques.

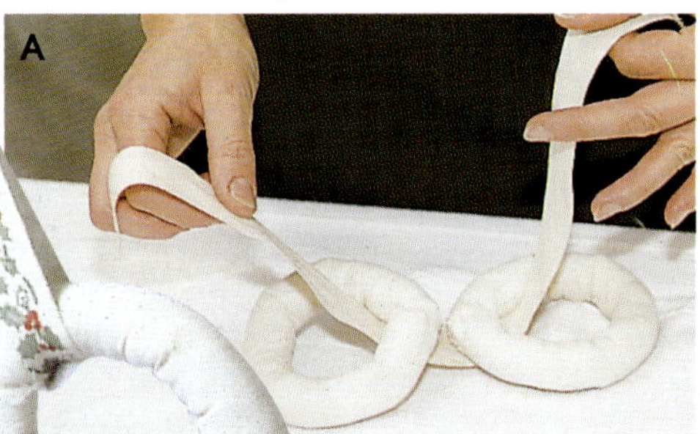

LE PORTE-BONHEUR À ACCROCHER À LA PORTE

MATÉRIEL

- 5 cylindres en carton de 10 à 15 cm de long environ (l'intérieur des rouleaux de papier hygiénique est parfait) ;
- 5 morceaux de tissus fantaisie différents ;
- raphia ;
- branches de pin synthétique ;
- bâtons de cannelle ;
- épis de froment ;
- branches sèches ;
- un ruban en tissu de teinte naturelle ;
- petits éléments décoratifs comme : anis étoilé, boutons de roses séchés, clous de girofle, perles ou boutons en métal poli, pommes de pin de mélèze, glands, clochettes ;
- pistolet à colle à chaud.

1. Étalez une pellicule de colle sur chaque cylindre en carton et enveloppez-le dans un morceau de tissu **(photo A)**.

2. À l'intérieur de l'un des cylindres, placez un petit bouquet de raphia, en enlevant le surplus d'un coup de ciseaux **(photo B)**.

3. Procédez de la même façon pour les autres cylindres, en y plaçant respectivement les branches de pin synthétique, la cannelle, le froment, les branches sèches.

4. Avec la colle à chaud, fixez les cylindres entre eux, puis entourez la composition avec le ruban en tissu, fixé par un point de colle.

5. Formez avec le même ruban un nœud décoratif et une boucle **(dessin C)**, à fixer tous les deux avec une épingle, respectivement à la base et au sommet de la composition.

C

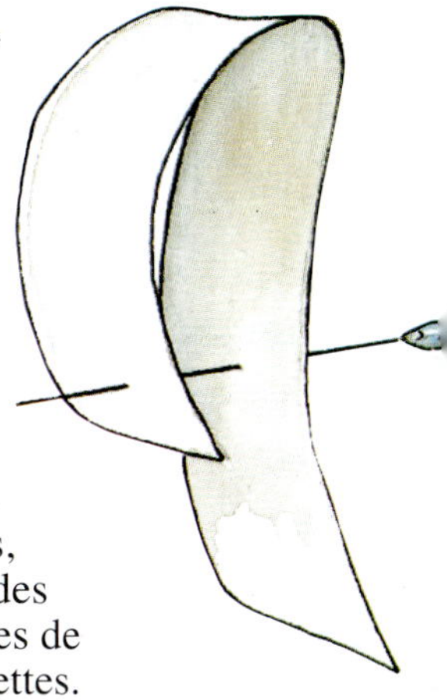

6. Enrichissez la composition en collant le long du ruban en tissu l'anis étoilé, les boutons de roses, des boutons en métal poli, des clous de girofle, des pommes de pin, des glands et des clochettes.

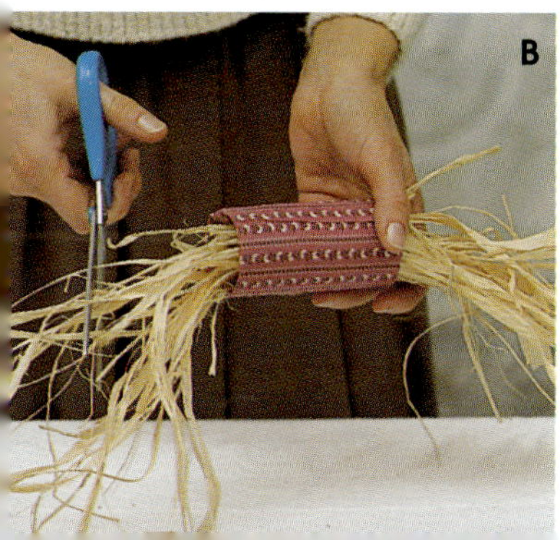

LES BOULES PRÉCIEUSES

Les boules de Noël classiques s'enrichissent de détails précieux : recouvertes de papier ou de tissu, embellies de ruban en satin, décorées avec des brindilles de pin et de petits glands, illuminées d'étoiles dorées, elles représentent de véritables univers de Noël en miniature. Et les boules précieuses possèdent non seulement les symboles et la magie de Noël, mais aussi son parfum, répandant dans toute la maison les arômes sylvestres et épicés de résine, de girofle, de cannelle et d'anis étoilé.

LA BOULE EN PAPIER DE SOIE

MATÉRIEL

- une boule en polystyrène de 9 cm de diamètre ;
- une feuille de papier de soie en teinte naturelle ;
- 3 brindilles de pin synthétique ;
- 2 fleurs séchées de couleur harmonisée à celle du papier ;
- une petite pomme de pin sylvestre ;
- 2 bâtonnets de cannelle ;
- anis étoilé ;
- quelques perles dorées, de différentes dimensions ;
- une clochette dorée ;
- clous de girofle ;
- un cordonnet doré fin ;
- épingles ;
- un pistolet à colle à chaud.

1. Entourez la boule en polystyrène avec du papier de soie : l'emballage doit ressembler à celui, en mouchoir, de certains œufs de Pâques **(photo A)**.

2. Fixez l'emballage avec des épingles, en les fixant au sommet de la boule autour de l'enveloppe en papier **(photo B)**.

3. Découpez le papier en trop : les coins de l'emballage ne doivent pas dépasser les 7 cm de long.

4. Procédez maintenant à l'assemblage des différents éléments, en les fixant avec de la colle à chaud sur la boule ;

✔ positionnez à la base des coins en papier de soie, les brindilles de pin, les fleurs séchées et la pomme de pin ;

✔ en dessous des branches de pin, placez les deux bâtonnets de cannelle liés entre eux, avec le cordonnet doré et l'anis étoilé ; au centre de chaque étoile, fixez une perle dorée **(photo C)** ;

✔ accrochez la clochette dorée à une brindille de pin ;

✔ disposez les clous de girofle sous la cannelle ;

✔ complétez la composition avec d'autres perles dorées.

5. Réalisez avec le cordonnet doré la boucle pour accrocher la boule, en attachant le cordonnet à la base des coins en papier de soie **(photo D)**.

A

B
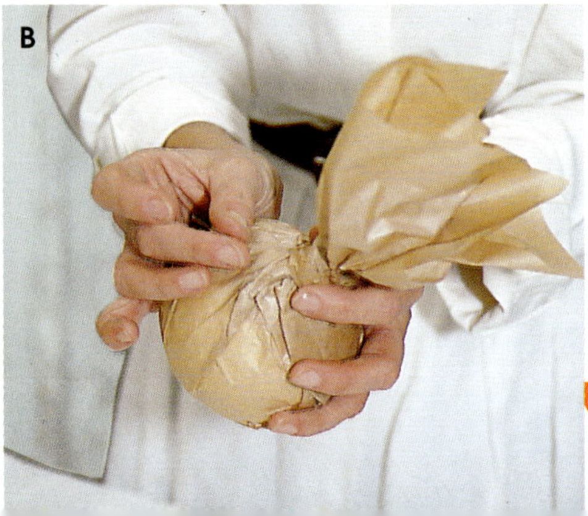

C

D

LA BOULE EN PAPIER DE SOIE DORÉ

MATÉRIEL

- une boule en polystyrène de 9 cm de diamètre ;
- une feuille en papier de soie doré ;
- 3 feuilles détachées d'une vieille fleur artificielle en tissu ou 2 brindilles de pin ;
- 30 cm de passementerie dorée très riche ;
- un pompon doré ;
- 50 cm de ruban en tissu doré ;
- quelques perles dorées ;
- quelques décorations dorées en forme d'étoile ;
- ruban en feutrine verte ;
- épingles, dont 2 à tête dorée ;
- un pistolet à colle à chaud.

1. Entourez la boule en polystyrène de papier de soie, en le fixant avec les épingles au sommet de la boule ; découpez le papier en trop.

2. Formez un gros nœud avec le ruban doré et fixez-le au sommet de la boule avec les épingles **(photo A)**.

3. Décorez la boule avec les différents éléments :

✔ positionnez autour d'elle la passementerie, en la fixant avec une épingle à tête dorée ;

✔ fixez les feuilles vertes à la base du nœud, avec des épingles ;

✔ si vous avez choisi de mettre une étoile dorée percée, fixez-en une au pôle inférieur de la boule ;

✔ accrochez le pompon sous la boule, à l'aide d'une épingle à tête dorée (si vous avez mis une étoile dorée, fixez l'épingle à travers elle) **(photo B)** ;

✔ complétez la composition avec les perles dorées et les décorations en forme d'étoile.

4. Réalisez avec le ruban en feutrine verte, la boucle servant à accrocher la boule, suivant les explications données précédemment (voir page 29, point 8).

A

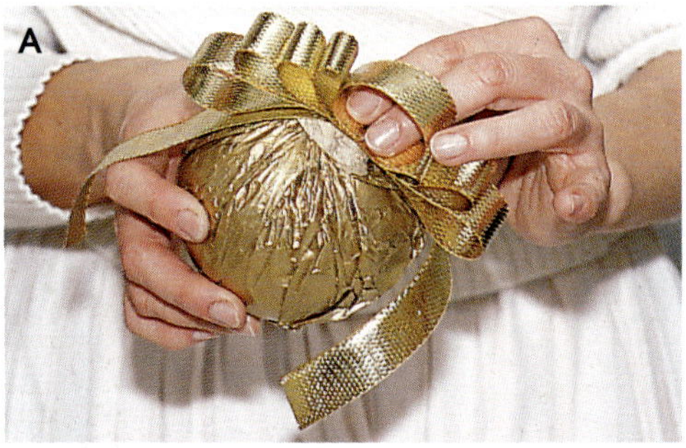

B

LA BOULE VERTE AVEC DES FLEURS EN TISSU

MATÉRIEL

- une boule en polystyrène de 9 cm de diamètre ;
- un morceau de tissu vert tendre, pas trop lourd ;
- 50 cm de ruban brillant vert de 7 cm de large ;
- 2 fleurs en tissu blanc avec des nuances vertes ;
- 20 cm environ de rangée de perles dorées d'arbre de Noël ;
- ruban de feutrine verte ;
- épingles, dont quelques-unes à tête dorée ;
- un pistolet à colle à chaud.

1. Entourez la boule en polystyrène avec du tissu, en le fixant au sommet avec des épingles ; découpez le tissu en trop.

2. Formez un gros nœud avec le ruban vert (voir le dessin en page 28) et fixez-le au sommet de la boule, avec des épingles dorées **(photo A)**.

3. Placez les fleurs à la base du nœud avec des épingles.

A

4. Partagez en deux parties égales la rangée de perles et fixez une extrémité de chaque rangée à la base du nœud, par un point de colle **(photo B)**.

5. Avec le ruban en feutrine verte, réalisez la boucle pour accrocher la boule, suivant les instructions fournies en page 29, point 8.

B

LA BOULE EN PAPIER DE SOIE BLEU

MATÉRIEL

- une boule en polystyrène de 9 cm de diamètre ;
- une feuille de papier de soie bleu ;
- 2 fruits de liquidambar vaporisés de vernis doré (voir page 48) ;
- 2 brindilles de pin synthétique ;
- 30 cm de passementerie dorée très riche ;
- un pompon doré ;
- quelques perles dorées, y compris de différentes tailles ;
- un ruban en feutrine verte ;
- épingles, dont 2 à tête dorée ;
- un pistolet à colle à chaud.

1. Froissez le papier de soie entre vos mains **(photo A)**.

2. Entourez la boule en polystyrène avec le papier de soie : l'emballage doit ressembler à celui, en mouchoir, de certains œufs de Pâques.

3. Fixez l'emballage avec des épingles, en les fixant au sommet de la boule, autour des coins en papier.

A

4. Découpez le papier en trop : les coins ne doivent pas dépasser les 7 cm de long.

5. Décorez la boule de différents éléments :

✔ avec la colle à chaud, fixez les brindilles de pin et les fruits de liquidambar à la base des coins, sur la boule ;

✔ accrochez le pompon sous la boule, avec une épingle à tête dorée ;

✔ Placez la passementerie tout autour de la boule, en la fixant avec l'autre épingle à tête dorée **(photo B)** ;

✔ complétez la composition avec des perles dorées.

6. Réalisez avec le ruban en feutrine verte, la boucle permettant d'accrocher la boule, suivant les instructions données en page 29, point 8.

B

LA BOULE EN TISSU BLEU

MATÉRIEL

- une boule en polystyrène de 9 cm de diamètre ;
- un morceau de tissu bleu pas trop lourd ;
- 50 cm de ruban brillant bleu et or ;
- 20 cm environ de rangée de perles dorées d'arbre de Noël ;
- 3 petites décorations dorées en forme d'étoile ;
- ruban en feutrine bleue ;
- épingles, dont certaines à tête dorée ;
- un pistolet à colle à chaud.

1. Entourez la boule en polystyrène avec le tissu, en le fixant avec des épingles au sommet de la boule ; découpez le tissu en trop **(photos A et B)**.

2. Formez un gros nœud avec le ruban bleu et or (voir le dessin page 28) et fixez-le au sommet de la boule avec des épingles dorées **(photo C)**.

3. Divisez la rangée de perles en deux parties égales ; fixez une extrémité de chaque partie à la base du nœud, par un point de colle **(photo D)**.

4. Complétez la composition en collant les étoiles dorées sur la partie antérieure de la boule.

5. Réalisez avec le ruban en feutrine bleue, la boucle pour accrocher la boule, suivant les instructions fournies en page 29, point 8.

A

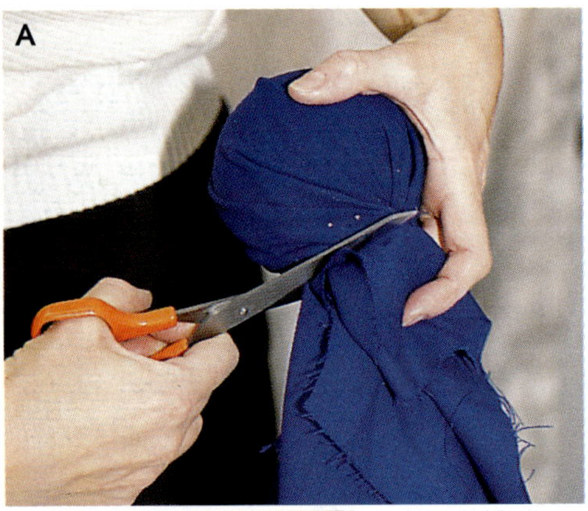

B

C

D

LA BOULE EN TISSU

MATÉRIEL

- une boule en polystyrène de 9 cm de diamètre ;
- un morceau de tissu pas trop lourd, à fond bleu ;
- 50 cm de ruban brillant à nuances vertes et bleues ;
- 2 brindilles de pin synthétique ;
- quelques brindilles sèches ;
- 2 petites pommes de pin de mélèze ;
- quelques perles argentées ;
- ruban en feutrine verte ;
- épingles ;
- un pistolet à colle à chaud.

1. Entourez la boule en polystyrène de tissu, en le fixant avec des épingles au sommet ; découpez le tissu en trop.

2. Décorez la boule avec les différents éléments :

✔ fixez les brindilles de pin avec de la colle au sommet de la boule ;

✔ formez un gros nœud avec le ruban et placez-le devant les brindilles de pin avec des épingles **(photo A)** ;

✔ assemblez en un petit fagot les brindilles sèches et fixez-les juste sous le nœud ;

✔ au centre du fagot, placez les pommes de pin **(photo B)** ;

A

✔ complétez la composition en éparpillant les perles argentées entre les brindilles de pin et les brindilles sèches.

3. Réalisez avec le ruban en feutrine la boucle pour accrocher la boule, suivant les instructions fournies en page 29, point 8.

B

LES CENTRES DE TABLE ET LES CARTONS NOMINATIFS

L'un des endroits consacrés à la célébration des fêtes est sans aucun doute la table. Durant la période de Noël, elle prend une importance toute particulière. Le réveillon, le repas de Noël, le réveillon du nouvel an, le thé avec des amis au moment d'échanger les cadeaux : les occasions sont nombreuses pour se mettre à table avec imagination. Apprenons donc la technique de réalisation des centres de table et des cartons nominatifs, afin que les repas de fête soient bons à manger et beaux à regarder.

COMPOSITION DE PETITS PAQUETS-CADEAUX

MATÉRIEL

- un disque en carton pour tarte, de 30 cm de diamètre environ ;
- une feuille de papier de couleur unie ;
- quelques chutes de papiers cadeau fantaisie et de teinte unie, coordonnés ;
- environ 20 petites boîtes vides de différentes formes (de parfums, de médicaments, de pellicules photo) ;
- rubans en tissus différents coordonnés aux papiers cadeau ;
- 3 bougies réchauffe-plats en cire ;
- ruban adhésif ;
- un pistolet à colle à chaud.

1. Découpez dans la feuille de papier de teinte unie un cercle de dimensions égales à celles du disque en carton **(photo A)**.

2. Collez le cercle de papier sur le disque en carton.

3. Avec les boîtes vides, confectionnez des paquets-cadeaux, en les recouvrant avec les chutes de papier, fixées avec du ruban adhésif et des rubans en tissu **(photos B et C)**.

A

B

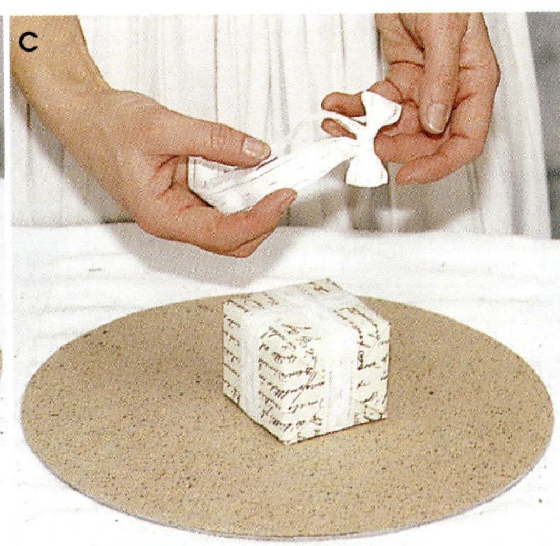
C

4. Placez les paquets de façon harmonieuse sur le disque en carton, en les collant tant à la base qu'entre eux.

5. Étalez une pellicule de colle à chaud sur le fond des bougies et placez-les entre les paquets, après les avoir entourées d'un ruban de la largeur voulue **(photo D)**.

LES PAQUETS-CADEAUX NOMINATIFS

MATÉRIEL

- petites boîtes vides de médicaments, de parfums, de pellicules photographiques, en nombre correspondant au nombre d'invités ;
- chutes de papiers cadeau de teinte unie et fantaisie, coordonnés ;
- rubans en tissu, coordonnés aux papiers cadeau ;
- papier à lettres de teinte naturelle ;
- ruban adhésif.

1. Confectionnez les paquets-cadeaux, en utilisant un peu de ruban adhésif pour fixer l'emballage et en le finissant avec des rubans **(photos A, B et C)**.

2. Découpez dans le papier à lettres, des petits billets sur lesquels vous écrirez le nom de chacun des invités.

3. Enfilez les petits billets entre le ruban et le paquet **(photo D)**.

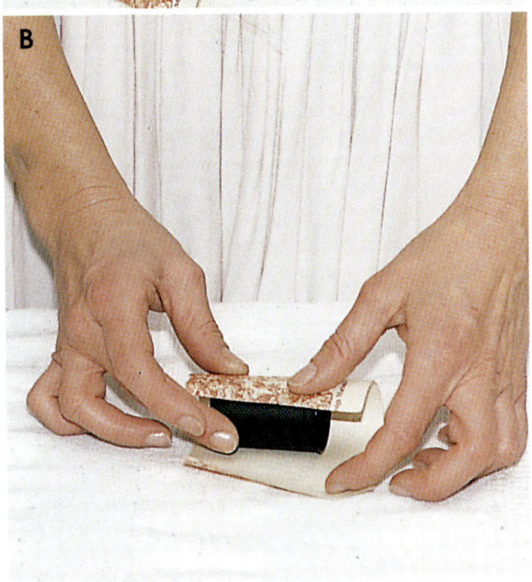

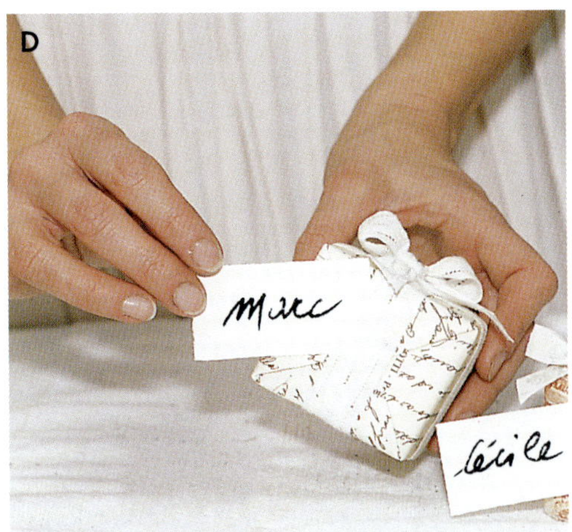

Cécile

Marc

Pierre

LE CENTRE DE TABLE AVEC UN POT EN TERRE CUITE

MATÉRIEL

- un pot de fleurs en terre cuite de 16 cm de diamètre ;
- un disque en carton pour tarte de 16 cm de diamètre ;
- un cylindre en carton (l'intérieur d'un rouleau de papier hygiénique) ;
- une feuille de papier de soie vert ;
- une feuille de papier de soie de teinte naturelle ;
- 4 grandes pommes de pin sylvestre ;
- quelques petites pommes de pin de mélèze ;
- quelques petites branches de pin synthétique ;
- 4 grosses noix ;
- 4 petites boîtes d'allumettes vides ;
- environ 2 m de ruban en tissu à thème de Noël de 1 cm de large ;
- une bougie basse avec son bougeoir ou une bougie pour brûle-parfum ;
- branches séchées ;
- quelques fils de raphia ;
- 6 perles en verre ;
- quelques perles dorées ;
- ruban adhésif ;
- un pistolet à colle à chaud.

1. Enlevez le disque en carton placé au centre de la base pour tarte, et fixez-le avec du ruban adhésif, à une extrémité du cylindre en carton **(photos A et B)**.

A

B

2. Enveloppez le cylindre et le disque à tarte dans le papier de soie vert **(photo C)**.

3. Étalez une pellicule de colle à chaud le long du bord du pot ; posez dessus le disque en carton entouré de papier de soie.

4. Enfilez le cylindre en carton dans le trou du disque, de façon à ce qu'il dépasse de 6 cm, avec une extrémité fermée tournée vers le haut.

5. Disposez et collez en croix sur le disque en carton les quatre grandes pommes de pin et fixez entre chacune d'elles deux branches de pin synthétique **(photo D)**.

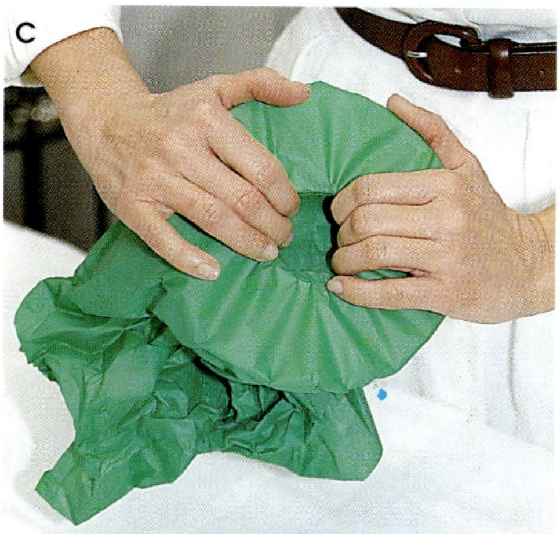

6. Étalez une couche de colle sur le bord du pot et autour du cylindre en carton : placez-y les petites branches de pin, sans ligne de continuité **(photo E)**.

7. Placez la bougie au sommet du cylindre central et entourez-la d'une petite branche de pin, fixée avec un peu de colle **(photo F)**.

8. Réalisez les éléments de décoration à insérer dans la composition :

✔ avec le papier de soie de teinte naturelle et le ruban à thème de Noël, confectionnez quatre paquets-cadeaux en utilisant les boîtes d'allumettes **(photos G et H)** ;

✔ faites quatre petits fagots avec les branches séchées et liez chacun d'eux avec un fil de raphia **(photo I)** ;

✔ entourez les perles de papier de soie de teinte naturelle, en les emballant comme des bonbons **(photos J et K)**.

9. Disposez entre une pomme de pin et la suivante, une noix et un paquet-cadeau, en les fixant avec de la colle **(photo L)**.

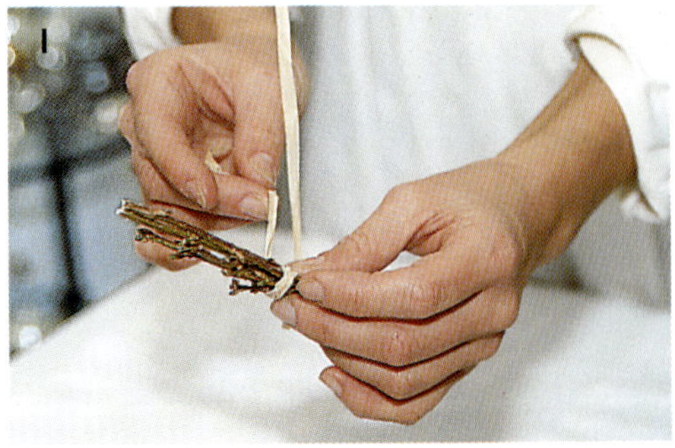

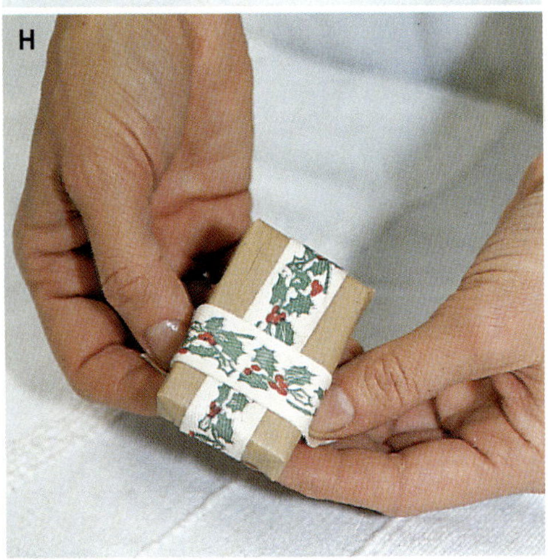

10. Collez autour de la bougie, des bonbons et des petites pommes de pin, en les faisant alterner **(photo M)**.

11. Fixez sur le bord de la composition, les fagots de branches séchées, à intervalle régulier **(photo N)**.

12. Entourez le pot en terre cuite avec le ruban à thème de Noël et faites un nœud **(photo O)**.

13. Pour compléter la composition, placez quelques perles dorées entre les bractées de la pomme de pin et sur les branches de pin, en les fixant avec de la colle.

LE CARTON NOMINATIF AVEC UN POT EN TERRE CUITE ET UNE BOUGIE

MATÉRIEL

- un pot de fleurs en terre cuite de 5 cm de diamètre environ ;
- un disque en carton de même diamètre que le pot ;
- petites branches de pin synthétique ;
- anis étoilé ;
- 2 petites pommes de pin ;
- un fruit de liquidambar (voir page 48) ;
- perles dorées ;
- papier de soie de teinte naturelle ;
- une perle rouge ;
- passementerie dorée de 5 mm de large (ou bien ruban en satin de 2 cm de large) ;
- une bougie blanche de 10 cm de haut ;
- papier à lettres de teinte naturelle ;
- un pistolet à colle à chaud.

1. Insérez le disque en carton à l'intérieur du pot en terre cuite, en l'encastrant et en le fixant avec un peu de colle **(photo A)**.

2. Entourez quatre perles dorées de papier de soie de teinte naturelle, en imitant l'emballage d'un bonbon.

3. Placez la bougie au milieu du disque en carton et fixez-la en faisant couler un peu de cire.

A

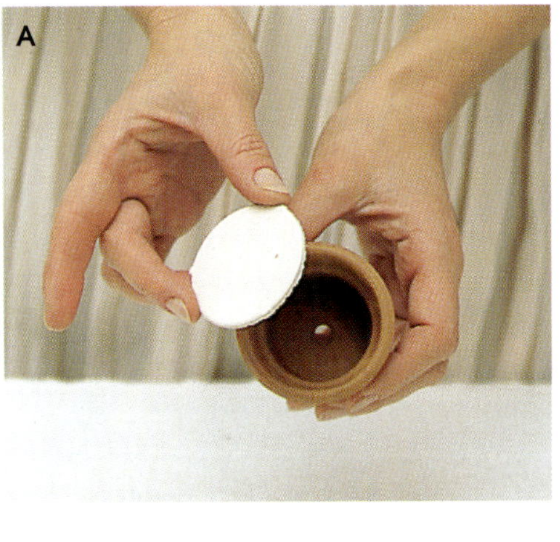

4. Recouvrez le disque en carton avec les branches de pin, en les fixant avec de la colle à chaud.

5. Collez entre les branches, le fruit de liquidambar, un anis étoilé, les pommes de pin, la perle rouge, les petits bonbons et quelques perles dorées **(photo B)**.

6. Avec une pellicule de colle, appliquez la passementerie dorée autour du bord du pot, ou bien faites un nœud avec le ruban en satin et collez-le sur le devant.

7. Découpez dans le papier les billets sur lesquels vous écrirez le nom de chaque convive et que vous placerez contre le pot.

B

LE PAQUET-CADEAU AVEC UNE POMME DE PIN

Une idée originale : offrez à vos invités les cadeaux que vous avez préparés pour eux dans des paquets décorés d'une pomme de pin qui rappelle les décorations du centre de table et des cartons nominatifs illustrés ci-avant.

MATÉRIEL

- un sous-verre en liège (ou un disque de carton épais de 8/10 cm de diamètre) ;
- une grosse pomme de pin sylvestre ;
- quelques boutons de roses séchées ;
- quelques perles roses ;
- une feuille de papier de soie doré ;
- un ruban de satin rose ;
- un pistolet à colle à chaud.

1. Collez la grosse pomme de pin au sous-verre en liège **(photo A).**

2. Fixez avec de la colle les boutons de roses et les perles entre les bractées de la pomme de pin **(photo B).**

3. Étalez une pellicule de colle tout autour du sous-verre en liège et placez les perles roses, l'une à côté de l'autre.

4. Confectionnez le paquet avec le papier de soie doré et le ruban en satin rose **(photo C).**

5. Fixez avec de la colle votre composition sur le ruban en satin.

A

B

C

LE CENTRE DE TABLE AVEC DES GRENADES ET DES ROSES ROUGES

par C. Maspes et A. Rizzi

MATÉRIEL

- 2 branches de pin ;
- 4 grenades déshydratées ;
- 6 roses « Amour » ;
- houx ;
- feuillage de salix ;
- une grosse bougie rouge foncé ;
- une mousse synthétique avec raquette ;
- des bâtonnets pour enfiler les grenades et la bougie ;
- un ruban adhésif aux reflets dorés.

1. Imprégnez la mousse d'eau et préparez les branches de pin en ôtant les aiguilles à la base ; puis, effilez les extrémités avec un taille-crayon, ce qui vous permettra de les enfiler plus facilement dans la mousse **(photo A)**.

2. Ajoutez de petites branches de houx **(photo B)**.

3. Placez les roses rouges et les feuilles de salix, en prenant soin de laisser de l'espace libre pour placer la bougie **(photos C et D)**.

4. Enfilez les grenades sur les bâtonnets et placez-les dans le centre de table, en les disposant en grappe **(photo E)**.

5. Insérez la bougie, enfilée sur un bâtonnet **(photo F)**.

6. Terminez par un nœud en satin.

A

B

C

D

VARIANTE

À la place des grenades déshydratées, on peut en utiliser des fraîches, coupées en deux.

E

F

LE CARTON NOMINATIF EN CANNELLE

par A. Prandoni

MATÉRIEL

- une dizaine de bâtons de cannelle ;
- 5 roses rouges séchées ;
- 3 feuilles de monnaie-du-pape séchées ;
- 3 gros-minets bleus ;
- 4 ou 5 marguerites séchées ;
- quelques petites branches de pin ;
- un ruban en satin rouge de 3 cm de haut environ ;
- une feuille de papier à lettres ;
- un pistolet à colle à chaud.

1. Découpez tous les bâtons de cannelle à la même longueur **(photo A)**.

2. Avec le ruban, attachez les bâtons, en faisant deux nœuds serrés pour les maintenir fermement, puis faites une boucle en laissant des queues de 4-5 cm **(photo B)**.

3. Collez les feuilles de monnaie-du-pape en éventail, sous le nœud, avec une ou deux branches de pin posées sous et sur le nœud **(photo C)**.

4. Posez les gros-minets sur les branches de pin, en les fixant avec de la colle **(photo D)**.

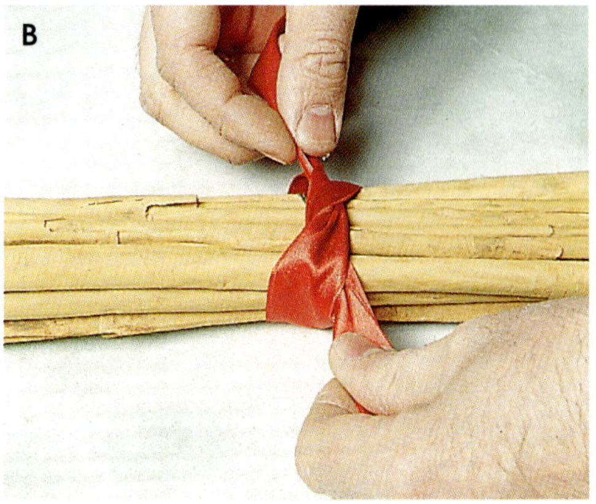
B

C

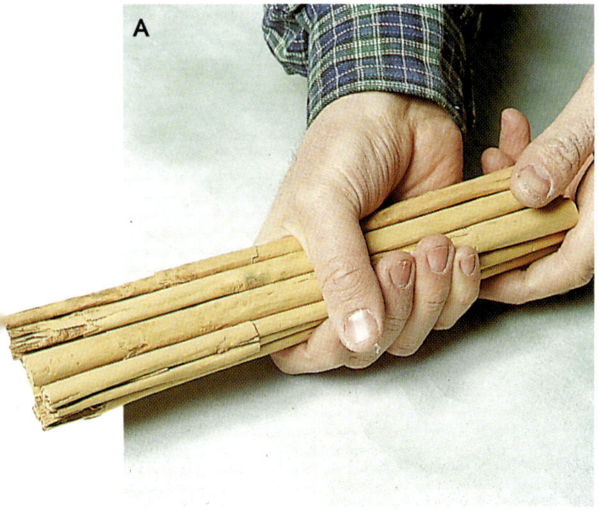
A

D

5. Appliquez les roses avec de la colle, en les disposant assez près les unes des autres **(photo E)**.

6. Placez en dernier les marguerites, en les répartissant de façon harmonieuse **(photo F)**.

7. Placez un billet en papier portant le nom du convive près du fagot, à l'endroit désignant sa place.

LE CENTRE DE TABLE AVEC DES POMMES DE PIN

par F. Romana Lepore

MATÉRIEL

- récipient bas en laiton ;
- branches de sapin ;
- lierre ;
- baies d'églantier ;
- pommes de pin ;
- roses rouges ;
- mousse synthétique ;
- 3 bougies ;
- 3 baguettes en plastique de fleuriste pour enfiler les bougies ;
- fil de fer ;
- vernis spray doré.

1. Imprégnez la mousse d'eau et placez-la dans le récipient en laiton.

2. Enfilez les bougies sur les baguettes et placez-les au milieu de la mousse.

3. Placez tout autour les roses, les baies et quelques branches de sapin, en enfilant toutes les tiges, coupées court, dans la mousse.

4. Enroulez le fil de fer autour de la base des pommes de pin et en le pliant ensuite comme une tige, insérez-le dans la mousse, en regroupant les pommes de pin d'un côté de la composition.

5. Vaporisez de vernis doré quelques touffes de lierre et placez-les dans le centre de table.

LES PANIERS ET LES CACHE-POT DÉCORATIFS

L'automne et l'hiver sont des saisons particulièrement adaptées à la cueillette de produits naturels, qui se révèlent précieux pour la préparation de paniers décoratifs. Les compositions riches en graines, fruits, pommes de pin, glands, fleurs séchées, épices, branches, pourront être enrichies avec des rubans, des ustensiles de cuisine, des pots en terre cuite, des fleurs en soie, des bougies, à condition de les disposer de manière équilibrée et harmonieuse. Les paniers représentent des décorations suggestives pour une maison en fête et ils peuvent se transformer à l'occasion en élégants centres de table ou en cadeaux appréciés.

LE PANIER DE FRUITS

par F. Romana Lepore

MATÉRIEL

- un panier en osier bas et large ;
- mélange de fruits : pommes rouges, poires, raisin blanc, grenades ;
- épis de maïs ;
- branches de pin ;
- branches de sapin ;
- inflorescences de lierre dorées ;
- bâtonnets de fleuriste pour enfiler les fruits ;
- un morceau de terre glaise.

1. Placez le morceau de terre glaise dans le panier.

2. Montez tous les fruits sur les baguettes.

3. Fixez les différents éléments dans la terre glaise qui, en séchant, emprisonnera les baguettes et supportera le poids des décorations.

LE PANIER ROUGE

MATÉRIEL

- un panier rouge en osier ;
- une vingtaine de pommes de pin séchées de forme allongée (pin mexicain, sapin rouge, Pinus lambertiana) ; la quantité de pommes de pin dépend de la dimension du panier ;
- une vingtaine de fruits de liquidambar (voir page 48) ;
- 10 roses rouges en tissu ;
- 1 m de ruban de satin rouge de 5 mm de large ;
- fil de fer de fleuriste ;
- quelques glands ;
- quelques grelots (autant que de glands) ;
- un pistolet à colle à chaud.

1. Étalez une pellicule de colle à chaud à la base d'une pomme de pin que vous placerez à l'intérieur du panier en la faisant bien adhérer au bord interne et au fond du panier lui-même.

2. Procédez de la même façon en collant les pommes de pin l'une à côté de l'autre, d'abord le long du bord interne du panier, puis dans l'espace central, sans laisser de vide, encastrez les pommes de pin entre elles, même s'il vous faut forcer un peu.

3. Placez les fruits de liquidambar entre les pommes de pin, en les fixant avec de la colle.

4. Avec le ruban rouge, confectionnez une dizaine de nœuds : bloquez-les au milieu avec du fil de fer de façon à créer une tige d'environ 6 cm.

5. Enfilez les roses rouges et les nœuds entre les pommes de pin, en les éparpillant suivant vos goûts **(photo A)**.

6. Détachez les glands de leurs cupules et placez dans chacune d'elles un grelot, en le fixant avec de la colle.

7. Étalez une pellicule de colle à l'extrémité de chaque cupule et placez-les dans la composition **(photo B)**.

A

B

LE PANIER DE NOËL

MATÉRIEL

- un panier en osier à base rectangulaire de teinte naturelle (la hauteur ne doit pas dépasser celle des pommes de pin) ;
- une douzaine de pommes de pin de forme allongée (pin mexicain, sapin rouge, Pinus lambertiana) ; la quantité de pommes de pin dépend des dimensions du panier ;
- quelques bâtons de cannelle ;
- 4 ou 5 pommes de pin sylvestre ;
- quelques boutons de roses séchés ;
- une douzaine de glands ;
- un ruban en papier crépon couleur vieux rose ;
- une feuille de papier de soie de teinte naturelle ;
- un pistolet à colle à chaud.

1. Étalez une pellicule de colle à chaud à la base des longues pommes de pin et positionnez-les en plusieurs rangées à l'intérieur du panier, de façon à en remplir environ la moitié dans le sens de la longueur ; les rangées seront formées de pommes de pin de différentes tailles dans l'ordre croissant ; la rangée avec les pommes de pin les plus petites sera placée sur le long côté du panier, qui sera le devant de la composition.

2. Froissez le papier de soie et remplissez-en le fond du panier, de façon à former une couche uniforme : l'épaisseur du papier servira à rehausser la composition **(photo A)**.

3. Placez dessus les bâtonnets de cannelle, à la verticale, en file, à côté des pommes de pin allongées : dans ce cas également, les bâtonnets les plus longs seront placés derrière les plus courts ; la cannelle occupera environ un tiers de l'espace encore disponible à l'intérieur du panier ; fixez les bâtonnets entre eux à l'aide de colle à chaud **(photo B)**.

4. Avec de la colle, fixez les boutons de roses entre les bractées des pommes de pin sylvestre.

5. Étalez à la base de ces dernières, une pellicule de colle et positionnez-les à l'intérieur du panier de façon à remplir tout l'espace resté libre ; essayez de respecter la hauteur croissante de la composition.

6. Complétez la composition en insérant quelques glands sans cupule entre les pommes de pin et dans les éventuels autres espaces vides **(photo C)**.

A

B

C

7. Entourez le panier d'un tour de papier de soie et d'un autre, superposé, de papier crépon. Fixez avec de la colle et fermez en faisant un nœud à boucle **(photo D)**.

UN PETIT BOIS DANS UN PANIER

MATÉRIEL

- un panier à base rectangulaire, bas et large ;
- quelques branches de pin synthétique ;
- une boîte d'œufs en carton ;
- 3 ou 4 pommes de pin de forme allongée (pin mexicain, sapin rouge, Pinus lambertiana) ;
- quelques pommes de pin sylvestre ; la quantité dépend des dimensions du panier ;
- 2 petits arbres et quelques moutons de crèche ;
- quelques boîtes de médicaments vides ;
- une feuille de papier de soie de teinte naturelle ;
- un ruban en satin rouge de 5 mm de large ;
- un pot en terre cuite de 5 cm de diamètre environ ;
- quelques noisettes ;
- un bougeoir (de ceux qu'on utilise pour le sapin de Noël) ;
- une petite guirlande ;
- quelques branches séchées ;
- un fil de raphia ;
- un bâton de cannelle ;
- un anis étoilé ;
- une bombe de neige en spray ;
- un pistolet à colle à chaud.

1. Collez les branches de pin sur tout le tour du panier **(photo A)**.

2. Vaporisez la neige en spray sur les pommes de pin, les branches de pin restantes et les petits arbres de crèche.

3. Ouvrez la boîte d'œufs en carton et placez-la dans le panier : elle servira à rehausser la composition **(photo B)**.

4. Étalez une pellicule de colle à la base des arbres et placez-les dans un coin du panier **(photo C)**.

5. Placez les pommes de pin de forme allongée vers le fond de la composition et celles de pin sylvestre (plus courtes et rondes) dans la partie antérieure.

6. Emballez les boîtes vides avec du papier de soie et le ruban en satin, puis placez-les entre les pommes de pin.

7. Remplissez le pot en terre cuite de noisettes, en les fixant avec de la colle ; placez également le pot dans la composition.

8. Placez les pommes de pin restantes, de façon à remplir tout l'espace resté vide.

A

B

C

9. Placez les branches de pin le long du bord de la composition, entre les pommes de pin.

10. Accrochez le bougeoir à une branche de pin **(photo D)**.

11. Fixez un anis étoilé à un bâton de cannelle et collez le tout à l'angle droit de la composition.

12. Formez un petit fagot de branches séchées liées entre elles avec un fil de raphia, et collez-le à l'angle gauche de la composition.

13. Entourez le ruban en satin rouge autour de la guirlande et placez-la au centre de la composition, en la fixant avec un point de colle **(photo E)**.

14. Placez les moutons dans la composition, en les fixant avec de la colle sous les pattes.

Suivant le même critère, vous pouvez vous amuser à créer des compositions variées et originales

LE PANIER PORTE-ÉPICES

par C. Maspes et A. Rizzi

MATÉRIEL

- un panier porte-épices en osier, à six compartiments ;
- 7 roses « Amour » ;
- une branche de pin ;
- mousse ;
- bâtons de cannelle ;
- pommes de pin ;
- un bouquet de piments séchés ;
- clous de girofle ;
- 2 bougies rouges ;
- une mousse synthétique sèche ;
- une mousse synthétique à baigner ;
- une feuille de film plastique ;
- une baguette en plastique ;
- fil de fer.

A

B

1. Insérez la mousse synthétique *dry* dans trois des compartiments du porte-épices et enfilez une bougie dans deux d'entre eux **(photo A)**.

2. Couvrez de vraie mousse, la mousse synthétique à la base des bougies **(photo B)**.

3. Placez dans l'un des compartiments la mousse synthétique mouillée, enveloppée dans un film plastique et arrangez-vous pour que ce dernier ne dépasse pas à l'extérieur **(photos C et D)**.

C

D

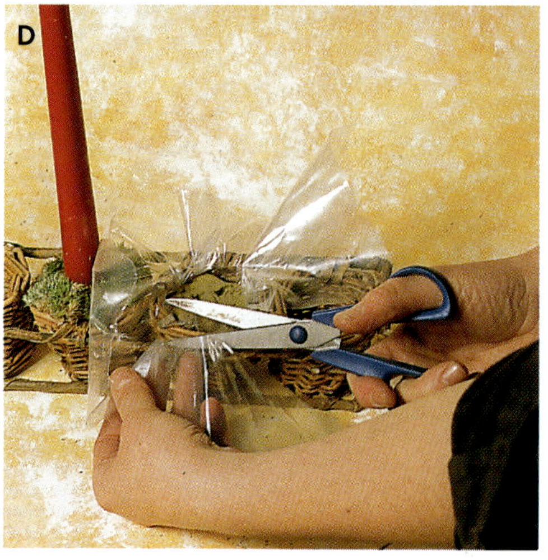

4. Décorez le porte-épices avec des branches de pin, en les fixant avec du fil de fer **(photos E et F)**.

5. Insérez un bouquet de piments dans l'un des paniers sans mousse synthétique **(photo G)**.

E

F

G

6. Fixez sur un seul fil de fer, toutes les pommes de pin, en les attachant ensuite sur la baguette en plastique **(photos H et I)**.

7. Placez-les à la base d'une des bougies **(photo J)**.

8. Placez les bâtonnets de cannelle dans le compartiment avec la mousse synthétique *dry* libre **(photo K)**.

9. Insérez les roses rouges dans le panier déjà préparé avec la mousse synthétique mouillée **(photo L)**.

10. Remplissez le dernier panier avec les clous de girofle.

H

I

J

K

L

LA COMPOSITION AVEC L'ACHILLÉE

MATÉRIEL

- un cache-pot en cuivre rectangulaire ;
- 4 ou 5 pommes de pin de forme allongée (pin mexicain, sapin rouge, pinus lambertiana) ;
- un bâton de cannelle ;
- quelques petites pommes de pin de mélèze ;
- anis étoilé ;
- petites branches d'achillées sèches ;
- un ruban en satin rouge de 5 mm de large ;
- una pistolet à colle à chaud.

1. Placez les pommes de pin dans le cache-pot, en les encastrant entre elles, sans laisser d'espaces vides.

2. Avec la colle à chaud, fixez sur la partie antérieure de la composition, à peine au-dessus du bord du récipient, la cannelle et l'anis étoilé ; insérez entre les pommes de pin, les petites pommes de mélèze et les branches d'achillées **(photo A)**.

3. Entourez le cache-pot avec le ruban rouge et faites un nœud **(photo B)**.

LA COMPOSITION AVEC DE LA NEIGE

MATÉRIEL

- un petit cache-pot en cuivre à base carrée ;
- 5 ou 6 pommes de pin de forme allongée (pin mexicain, sapin rouge, pinus lambertiana) ;
- branches de pin synthétiques ;
- boutons de roses séchés ;
- un ruban en dentelle blanche et rose ;
- une bombe de neige en spray ;
- un pistolet à colle à chaud.

1. Vaporisez les pommes de pin et les branches de pin avec de la neige en spray.

2. Placez les pommes de pin à l'intérieur du cache-pot, de façon à ce qu'elles s'emboîtent bien les unes dans les autres, sans laisser d'espaces vides.

3. Enfilez les branches de pin entre une pomme de pin et l'autre.

4. Fixez avec un point de colle les boutons de roses séchés entre les branches et les pommes de pin **(photo A)**.

5. Entourez le cache-pot du ruban blanc et rose, en le fixant avec de la colle **(photo B)**.

LE VASE D'HORTENSIAS SÉCHÉS

par les fleuristes Ravasio - Bergame

Une coupe ou un cache-pot en terre cuite est l'idéal pour abriter une composition assez grande de fleurs séchées, à poser par terre.
La base est constituée d'hortensias séchés, parsemés de feuilles de chêne et vaporisées de vernis rouge en spray et de petites pommes, rouges elles aussi ; un nœud en satin de la même couleur contribue à enrichir l'ensemble.
Pour la réalisation, placez une mousse synthétique dry dans le récipient, et enfilez-y les tiges des hortensias et les pommes montées sur des bâtonnets de fleuriste ou du fil de fer. Les feuilles de chêne et le nœud sont en revanche fixés avec de la colle à chaud.

LES ARBRES DÉCORATIFS

L'arbre est l'un des éléments qui, dans l'imaginaire collectif, est le plus lié à Noël. Outre le traditionnel sapin décoré, on peut réaliser aussi de petits arbres décoratifs avec des fleurs séchées ou des pommes de pin qui apporteront une touche de raffinement à la maison préparée pour les fêtes.

L'ARBRE DE POMMES DE PIN

MATÉRIEL

- un disque en carton pour tarte de 20 cm de diamètre ;
- environ 40 pommes de pin sylvestre ;
- une vingtaine de fruits de liquidambar (voir page 48) ;
- une vingtaine de glands ;
- 8 noix ;
- 8 bâtonnets de cannelle ;
- anis étoilé ;
- boutons de roses séchés ;
- un ruban en satin couleur crème de 5 cm de large ;
- une bombe de vernis spray couleur or ;
- ruban adhésif ;
- un pistolet à colle à chaud.

1. Vaporisez le disque en carton avec le vernis spray.

2. Avec la colle à chaud, placez les pommes de pin le long de la circonférence du disque **(photo A)**.

3. Superposez au fur et à mesure les autres rangées de pommes de pin, en créant une composition de forme conique **(photo B)**.

4. Fixez avec de la colle les fruits de liquidambar, en les disposant d'abord à la base du cône entre les pommes de pin, puis en fonction des vides les plus évidents de la composition.

5. Mettez sur l'arbre tous les éléments :

- ✔ une rangée de noix entre les pommes de pin, juste au-dessus de la base du cône ;
- ✔ les bâtons de cannelle deux par deux ;
- ✔ les glands deux par deux ;
- ✔ quelques anis étoilés **(photo C)**.

6. Formez avec le ruban en satin, huit ou dix nœuds à placer sur les espaces vides encore visibles de la composition. Pour réaliser ce type de nœud : découpez un morceau de ruban de 14 cm de long, formez un anneau en le fixant avec un petit morceau de ruban adhésif, faites descendre un filet de colle à chaud sur le point où vous souhaitez placez le nœud, poussez le nœud entre les pommes de pin en vous servant d'un curc-dent ou d'un crayon, jusqu'à ce qu'il adhère à la colle.

7. Collez au milieu de chaque nœud un anis étoilé.

8. Éparpillez les boutons de roses séchés entre les bractées des pommes de pin **(photo D)**.

D

VARIANTES

En faisant varier la qualité des pommes de pin et quelques autres éléments décoratifs, comme par exemple la couleur du ruban, vous pouvez obtenir des compositions donnant des effets différents.

L'ARBUSTE DE NOËL

MATÉRIEL

- un pot en terre cuite de 4 cm de diamètre ;
- une pomme de pin de forme allongée (pin mexicain, sapin rouge, Pinus lambertiana) ;
- anis étoilé ;
- piments séchés ;
- perles dorées ;
- passementerie dorée de 5 mm de large ;
- un pistolet à chaud.

1. Avec la colle à chaud, fixez un anis étoilé au sommet de la pomme de pin.

2. Insérez la pomme de pin dans le pot en terre cuite.

3. Avec une pellicule de colle, posez la passementerie dorée autour du bord du pot **(photo A)**.

4. Insérez entre les bractées de la pomme de pin, les piments et les perles dorées **(photo B)**.

L'ARBRE AUX PETITES FLEURS ROUGES

par A. Prandoni

MATÉRIEL

- un cône en polystyrène ;
- fleurs immortelles rouges séchées ;
- quelques feuilles vertes ;
- un ruban écossais dans les tons rouges ;
- un fil de fer fin ;
- un candélabre en bois éventuellement vernis, rouge et vert ;
- un pistolet à colle à chaud.

1. Faites un trou à la base du cône afin de l'encastrer sur le candélabre, en le fixant avec un peu de colle.

2. Collez les fleurs sur le cône en polystyrène, en le recouvrant complètement.

3. Cachez la base du polystyrène par un tour de feuilles vertes et complétez en fixant un nœud sur l'arbre, avec le fil de fer.

L'ARBRE DE ROSES

par A. Prandoni

MATÉRIEL

- un petit pot en terre cuite ;
- 50 petites roses rouges séchées ;
- 2 grappes de maniguette rose ;
- 2 bâtons de cannelle ;
- mousse ;
- un cordonnet rouge ;
- une mousse synthétique dry en forme de pain ;
- une boule en mousse synthétique dry ;
- un fil de fer fin habillé ;
- un pistolet à colle à chaud.

A

1. Placez le pain de mousse synthétique *dry* dans le récipient en terre cuite, en le modelant de façon à ne pas laisser de vide.

2. Faites un trou au milieu de la mousse et placez-y les bâtons de cannelle, en les fixant avec de la colle à chaud **(photo A)**.

B

3. Faites un trou dans la boule de mousse synthétique et enfilez-la sur les bâtons de cannelle, en assurant sa position avec un peu de colle **(photo B)**.

4. Coupez court les tiges des roses, étalez de la colle dessus et placez les roses sur la boule en mousse, en la recouvrant entièrement **(photo C)**.

5. Collez un peu de mousse à la base de l'arbre, en la fixant même avec un petit morceau de fil de fer, de façon à cacher la mousse synthétique **(photo D)**.

C

6. Avec le cordonnet rouge, préparez une triple boucle unie au milieu, et fixez-la sur la mousse, avec une goutte de colle **(photos E et F)**.

7. Complétez en collant quelques grappes de maniguette sur le nœud.

D

E

F

LES DÉCORATIONS AVEC DES PÂTES ALIMENTAIRES

La cuisine et le garde-manger sont des sources d'idées inépuisables pour réaliser des décorations originales et riches de sens. Certains aliments, en plus d'être beaux à voir et bons à manger, apportent la joie et sont des symboles de chance et de prospérité. Pain, pâtes et riz font partie de notre culture et en disent long sur nos traditions. Avec les différentes formes de pâtes, on peut réaliser des décorations faciles, festives et ravissantes.

LA GUIRLANDE

MATÉRIEL

- un anneau en polystyrène à base plate et de 25 cm de diamètre environ ;
- pâtes alimentaires de différentes formes (papillons, roues, torsades, fusilli...) ;
- perles dorées ;
- un ruban doré de 2 cm de large et de 1 m de long (facultatif) ;
- un pistolet à colle à chaud.

1. Étalez une pellicule de colle au milieu d'un papillon et placez-le sur l'anneau en polystyrène ; continuez en alternant les différents types de pâtes, jusqu'à ce que vous recouvriez entièrement la surface convexe de l'anneau : évitez de laisser des espaces entre une pâte et l'autre, superposez-les éventuellement un peu **(photo A)**.

2. Enrichissez la composition en disposant au hasard les perles dorées **(photo B)**.

3. Si la composition fait office de centre de table, on peut l'entourer d'un ruban doré ; si la composition doit être accrochée au mur, faites une boucle avec le ruban doré.

A

B

L'ARBUSTE

MATÉRIEL

- un cône en polystyrène de 25 cm de haut environ ;
- pâtes alimentaires de différentes formes : roues, papillons, fusilli, petits anneaux, coquillettes, étoiles ;
- quelques épingles à tête dorée ;
- un cordonnet doré fin ;
- un pistolet à colle à chaud.

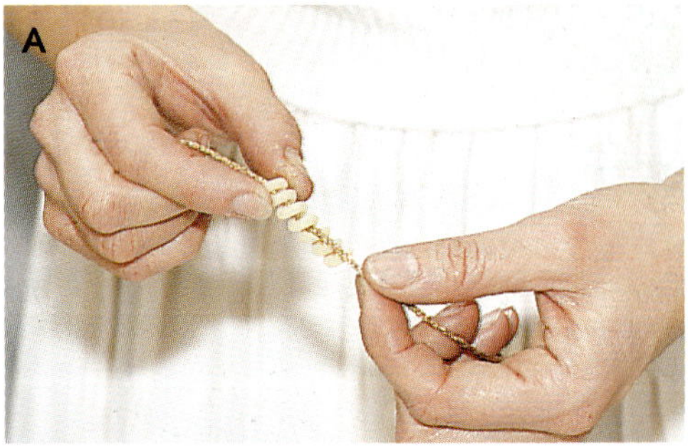

A

1. Étalez une pellicule de colle au milieu des papillons et positionnez-les à l'horizontale, l'un à côté de l'autre, autour de la base du cône.

2. Sur la deuxième rangée, alternez les papillons à la verticale et les roues.

3. Pour la troisième rangée, insérez entre l'aile d'un papillon et celle de son voisin une roue collée à la perpendiculaire de la surface en polystyrène ; couvrez de cette manière les deux tiers environ du cône.

B

4. Composez ainsi les quatre dernières rangées :

- ✔ une rangée de papillons seuls ;
- ✔ une rangée de roues disposées alternativement à l'horizontale et à la verticale par rapport à la surface du cône ;
- ✔ une rangée de papillons alternés avec des fusilli ;
- ✔ une rangée sur laquelle les roues disposées à la verticale alternent avec les fusilli.

5. Placez une roue au sommet de l'arbre.

6. Confectionnez quelques colliers en enfilant sur le cordonnet doré des fusilli, des anneaux et des coquillettes (un seul type de pâtes par collier) ; accrochez-les autour de l'arbre, en les faisant passer entre les rayons des roues **(photos A et B)**.

C

7. Enfin, enfilez les étoiles dans les épingles à tête dorée et plantez-les au sommet de **l'arbre (photo C)**.

Paquet avec fermoir

MATÉRIEL

- une boule en polystyrène ;
- un disque en carton de même diamètre que la boule en polystyrène ;
- pâtes de différents formats, dont certaines à enfiler ;
- un ruban en satin rouge de 5 mm de large ;
- épingles ;
- une feuille de papier de soie bleu ;
- un cutter ;
- un pistolet à colle à chaud.

1. Avec le cutter, découpez en deux moitiés égales la boule en polystyrène **(photo A)**.

2. Collez les pâtes, en alternant les différents formats, sur une demi-sphère que vous recouvrirez complètement.

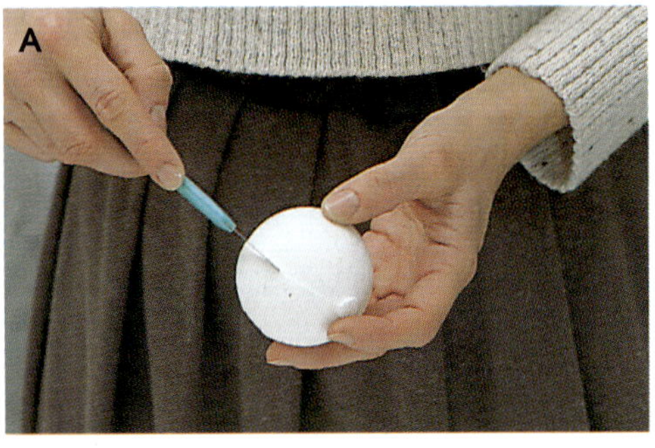

A

B

3. Avec le ruban rouge, confectionnez quelques nœuds et fixez-les sur le polystyrène avec les épingles : insérez-les entre les pâtes, de façon à recouvrir d'éventuels vides dans la composition **(photo B)**.

4. Enfilez les pâtes de différents formats sur le ruban rouge, en les faisant alterner.

5. Confectionnez votre paquet-cadeau, avec du papier de soie bleu et le ruban de pâtes **(photo C)**.

6. Insérez entre le paquet et le ruban, le disque en carton, sur lequel vous collerez la demi-sphère préparée **(photo D)**.

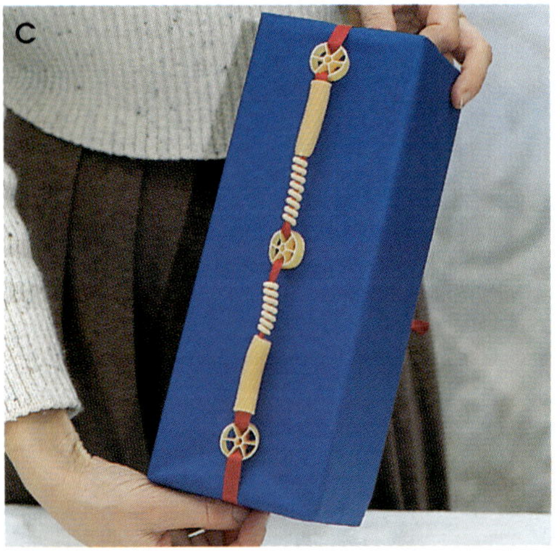

C

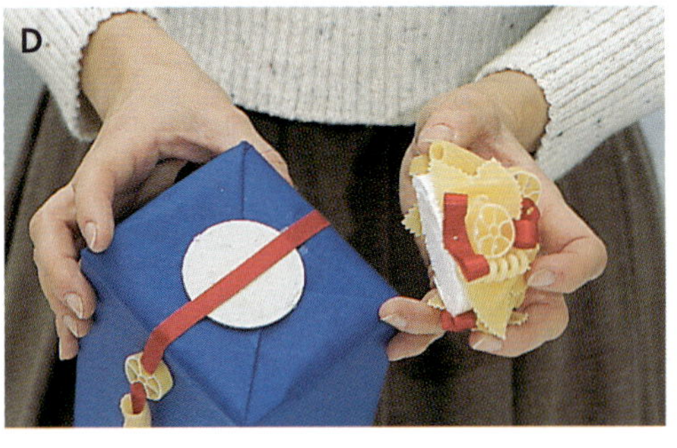

D

Paquet simple

MATÉRIEL

- pâtes en forme de papillon ;
- un ruban en satin rouge de 5 mm ;
- une feuille de papier de soie bleu ;
- ruban adhésif ;
- un pistolet à colle à chaud.

1. Confectionnez votre paquet cadeau avec le papier de soie bleu.

2. Découpez le ruban rouge en trois morceaux égaux, pour entourer le paquet dans le sens de la largeur, à intervalles réguliers **(photo A)**.

3. Placez un papillon en pâte au centre de chaque morceau de ruban en le fixant avec un point de colle.

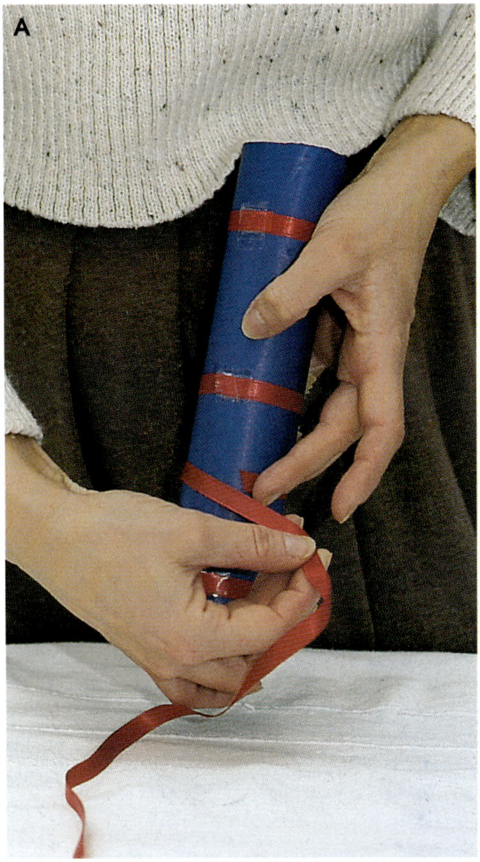
A

LES DÉCORATIONS AVEC LA PÂTE À MODELER

La pâte à modeler est celle que les enfants utilisent : elle se travaille très rapidement et l'effet produit est nouveau et très particulier. En peu de temps, on pourra réaliser des décorations pour le sapin, des chapelets, des fermoirs de paquets-cadeaux, des cartons nominatifs.

LA TECHNIQUE DE BASE

MATÉRIEL

- un bloc de pâte à modeler blanche pour modelage à séchage rapide sans cuisson ;
- un rouleau à pâtisserie ;
- des moules à biscuits de différentes formes ;
- un vide-pomme ;
- un plat antiadhésif adapté à la cuisson au micro-ondes (facultatif) ;
- four à micro-ondes (facultatif).

1. Avec le rouleau à pâtisserie, étalez une feuille de 5 mm d'épaisseur **(photo A).**

2. Avec les moules à biscuits, découpez dans la pâte les sujets désirés ; utilisez le vide-pomme pour réaliser des petits disques **(photos B et C).**

3. Disposez délicatement les petites formes sur le plat **(photo D).**

4. Faites cuire les décorations au four à micro-ondes pendant 10 minutes environ (cette opération n'est pas nécessaire, dans la mesure où la pâte à modeler durcit aussi sans cuisson, mais le passage au micro-ondes, en plus d'accélérer le temps de séchage, fait gonfler les sujets, leur apportant une certaine rondeur).

B

C

A

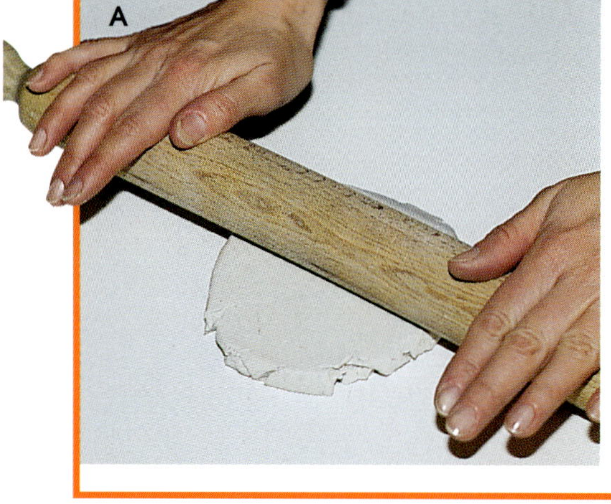

D

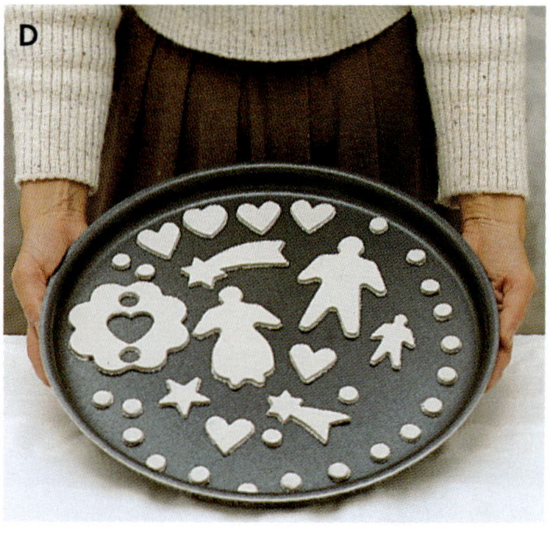

BONSHOMMES À ACCROCHER AU SAPIN

MATÉRIEL

- une bonne quantité de figurines en pâte à modeler blanche obtenues suivant la technique de base (voir page précédente) : des bonshommes, des étoiles, des cœurs et des petits disques ;
- vernis à l'eau pour modélisme, dans différentes couleurs ;
- un ruban en satin bleu ciel de 5 mm de large ;
- crochets adhésifs ;
- pinceaux ;
- un pistolet à colle à chaud.

1. Peignez les figurines avec les vernis **(photo A)**.

2. Assemblez les décorations en fixant, avec de la colle à chaud, une étoile ou un cœur de couleur contrastante sur chaque personnage ; complétez en posant au centre des cœurs et des étoiles, de petits disques **(photo B)**.

3. Posez un crochet adhésif au dos de chaque décoration **(photo C)**.

4. Avec le ruban en satin, formez les boucles pour accrocher les décorations.

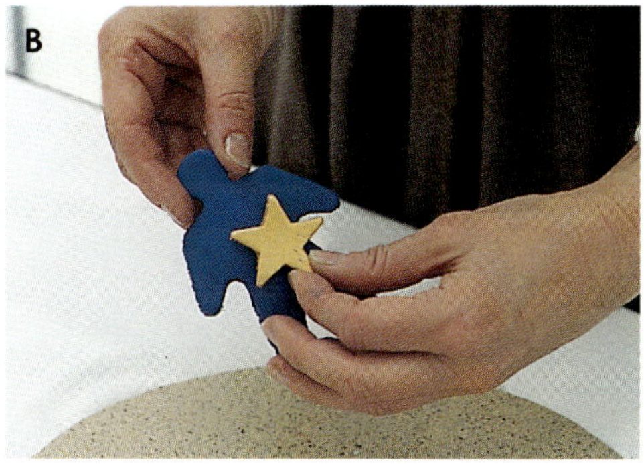

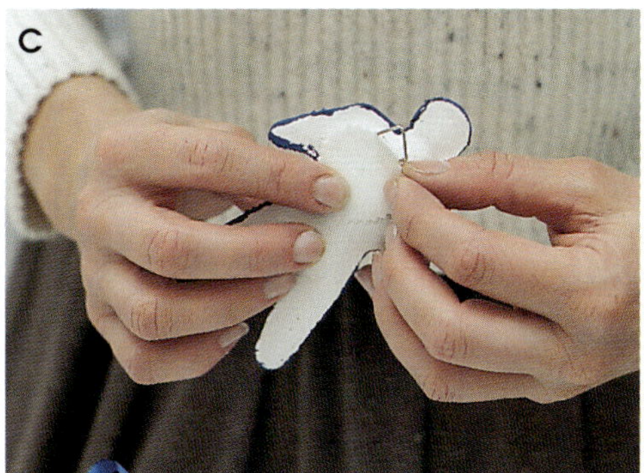

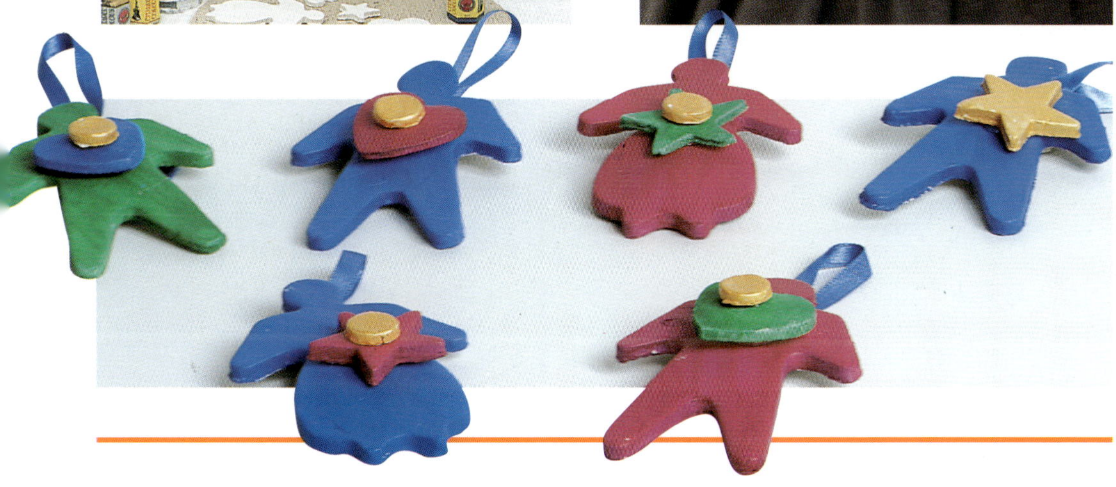

LE MOBILE TRICOLORE

MATÉRIEL

- figurines en pâte à modeler blanche obtenues suivant la technique de base (voir page 114), en forme de fleur, avec un trou en cœur au milieu et deux petits ronds, l'un correspondant à la pointe du cœur et l'autre du côté opposé, pour faire passer le ruban (conservez également les cœurs et les ronds « déchets ») ; de plus, des étoiles, des comètes, des bonshommes plus petits que les fleurs ;
- vernis à l'eau pour modélisme (3 couleurs différentes) ;
- pinceaux ;
- un ruban en satin bleu ciel de 5 mm de large ;
- un pistolet à colle à chaud.

1. Choisissez comment assembler les décorations, en vous inspirant du modèle que nous vous présentons ou en suivant votre imagination, et peignez ensuite les figurines avec les vernis **(photo A)**.

2. Assemblez les décorations en fixant sur chaque fleur, avec la colle à chaud, deux éléments plus petits (un cœur et une étoile, un bonhomme et une comète, deux étoiles...) de couleur contrastée **(photo B)**.

3. Assemblez les fleurs entre elles (trois au minimum) en faisant passer le ruban en satin par les trous ronds **(photo C)**.

A

B

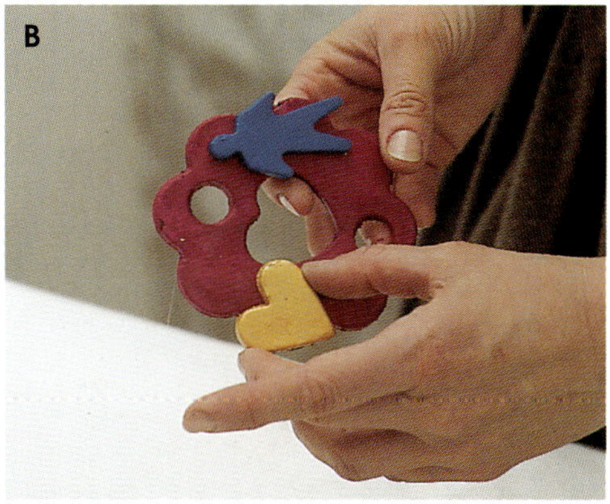

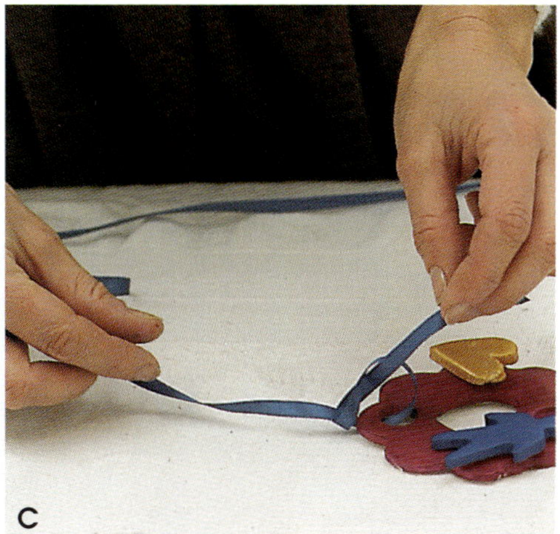

C

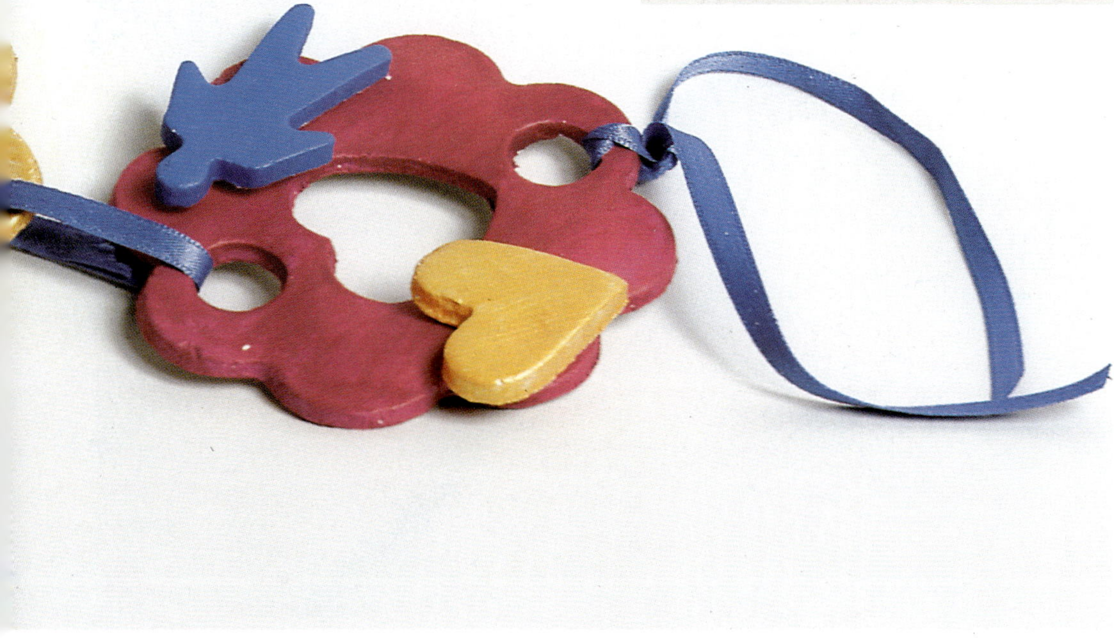

LA GUIRLANDE DE COMÈTES À ACCROCHER AU SAPIN

MATÉRIEL

- comètes en pâte à modeler blanche obtenues suivant la technique de base (voir page 114) ;
- vernis à l'eau pour modélisme ;
- pinceaux ;
- un ruban en satin bleu ciel de 5 mm de large ;
- un pistolet à colle à chaud.

1. Peignez les comètes avec les vernis de votre choix.

2. Avec la colle à chaud, fixez les comètes à intervalles réguliers le long du ruban en satin **(photo A)**.

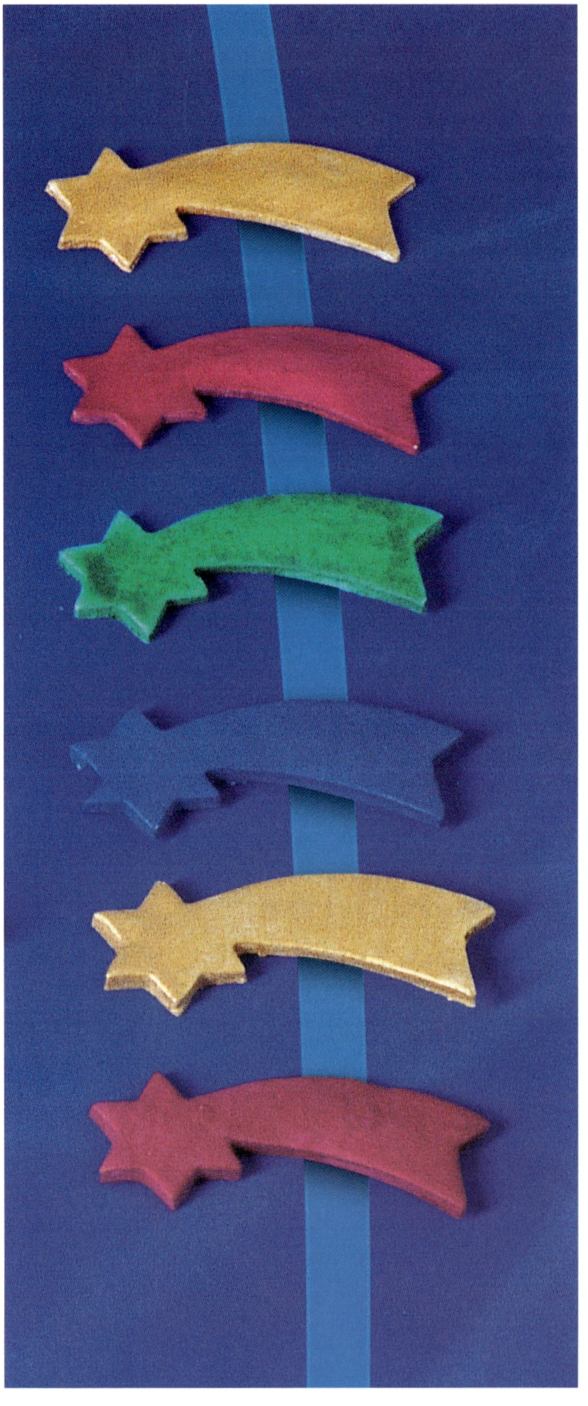

LES OBJETS EN PLÂTRE

Les décorations en plâtre s'obtiennent par une technique rapide et très économique, qui réserve de nombreuses surprises et satisfactions. On trouve de nombreux moules à plâtre dans le commerce, dans les magasins de bricolage, mais on peut également utiliser, avec de bons résultats, les moules à biscuits et à chocolats, les bacs à glaçons, les coquillages : les magasins qui fournissent des ustensiles et des décorations aux pâtissiers sont de véritables mines d'idées.

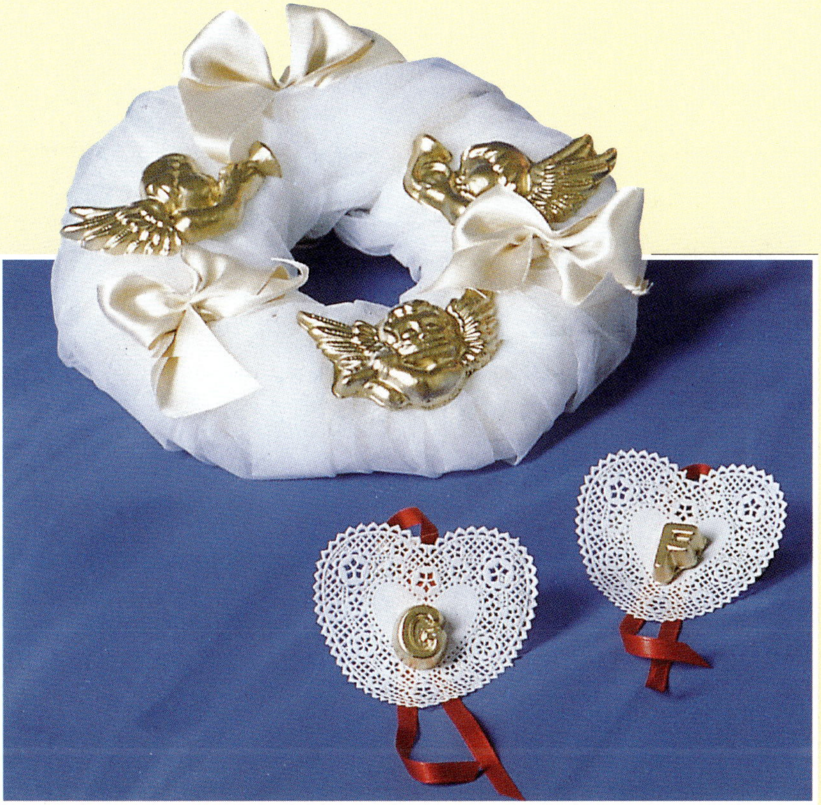

LA TECHNIQUE DE BASE

MATÉRIEL

- plâtre blanc en poudre ;
- eau ;
- peintures à l'eau, aquarelles en tubes, encre de chine ;
- moules à chocolats et bacs à glaçons ;
- moules à plâtre ;
- un récipient à bec en verre ;
- une cuillère.

1. Préparez la poudre de plâtre dans le récipient en verre.

2. Versez l'eau dans le récipient, en mélangeant continuellement avec la cuillère, jusqu'à ce que vous obteniez un mélange lisse et dense, comme un yaourt **(photo A).**

3. Pour obtenir des objets colorés, ajoutez à votre mélange quelques gouttes de couleur, en mélangeant énergiquement ; pour obtenir des objets marbrés, ne mélangez pas complètement la couleur **(photo B).**

4. Versez immédiatement le mélange dans les moules **(photo C).**

5. Laissez sécher quelques heures avant de démouler. Pour favoriser l'extraction des objets, frappez énergiquement les moules rigides sur une planche : détachez en revanche délicatement les pièces des moules souples.

B

A

C

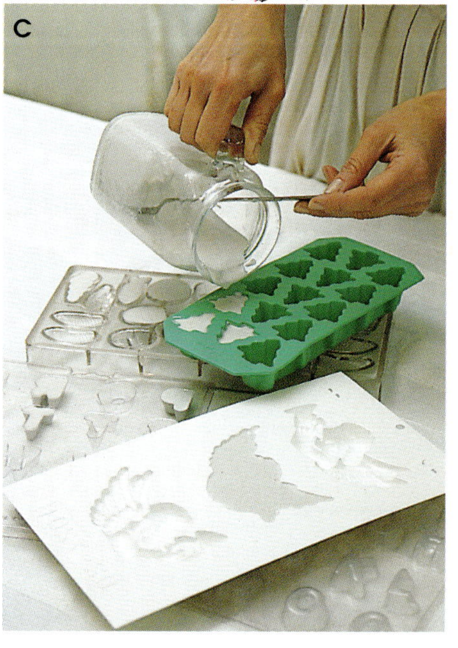

LA GUIRLANDE EN TULLE AVEC LES ANGES

MATÉRIEL

- plâtre blanc en poudre ;
- eau ;
- un anneau en polystyrène de 25 à 30 cm de diamètre ;
- tulle blanc ;
- un ruban en satin couleur crème de 4 cm de large ;
- un ruban en satin couleur crème de 5 mm de large ;
- une bombe de vernis spray couleur or ;
- moules à plâtre en forme d'ange ;
- un récipient à bec en verre ;
- une cuillère ;
- épingles ;
- un pistolet à colle à chaud.

1. Réalisez suivant la technique de base (voir page précédente) trois anges en plâtre blanc.

2. Une fois les figurines sèches, vaporisez-les de vernis spray doré.

3. Enveloppez de tulle blanc l'anneau en polystyrène, en le fixant au départ avec quelques épingles **(photo A)**.

4. Formez trois gros nœuds avec le ruban en satin le plus large et fixez-les sur l'anneau avec des épingles.

5. Collez entre les nœuds les anges dorés.

6. Fixez le ruban le moins large sur l'arrière de l'anneau, avec des épingles, en formant ainsi une boucle qui servira à accrocher la décoration.

LES FERMOIRS POUR PAQUETS-CADEAUX

MATÉRIEL

- plâtre blanc en poudre ;
- eau ;
- peintures à l'eau ;
- un ruban en satin rouge de 5 mm de large ;
- une bombe de vernis spray couleur or ;
- quelques napperons de dentelle en papier ;
- moules à chocolats en forme de lettre de l'alphabet ;
- un récipient à bec en verre ;
- une cuillère ;
- un pistolet à colle à chaud.

1. Réalisez les lettres correspondant aux initiales des personnes auxquelles les cadeaux sont destinés, en utilisant du plâtre blanc et du coloré (voir page 120).

2. Après les avoir fait sécher, vaporisez sur les petites lettres blanches une pellicule de vernis spray doré ; les lettres obtenues avec le plâtre coloré sont par contre déjà prêtes **(photo A)**.

3. Étalez soigneusement une pellicule de colle sous chacune des lettres et placez-la au milieu d'un napperon de dentelle en papier.

4. Découpez un morceau de ruban rouge de 40 cm de long environ, et fixez-le avec de la colle sur l'envers du napperon, de façon à obtenir une boucle pour accrocher le fermoir sur la partie supérieure, et deux longues queues sur la partie inférieure **(photo B)**.

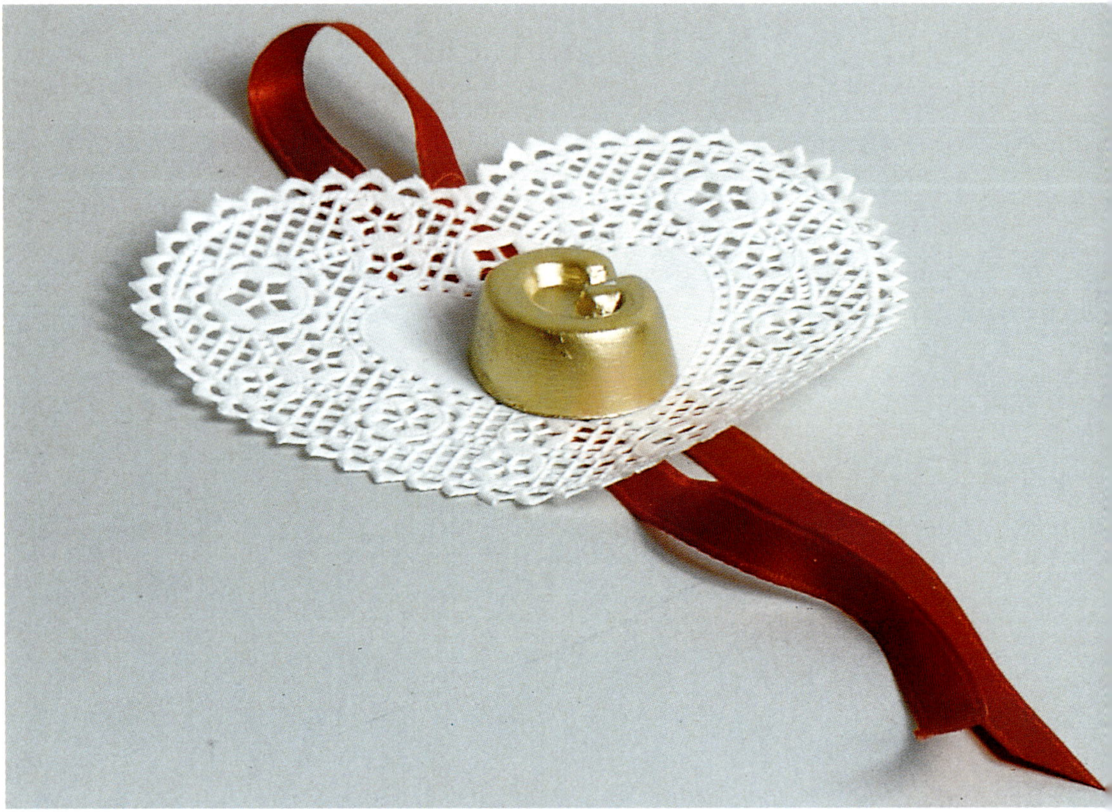

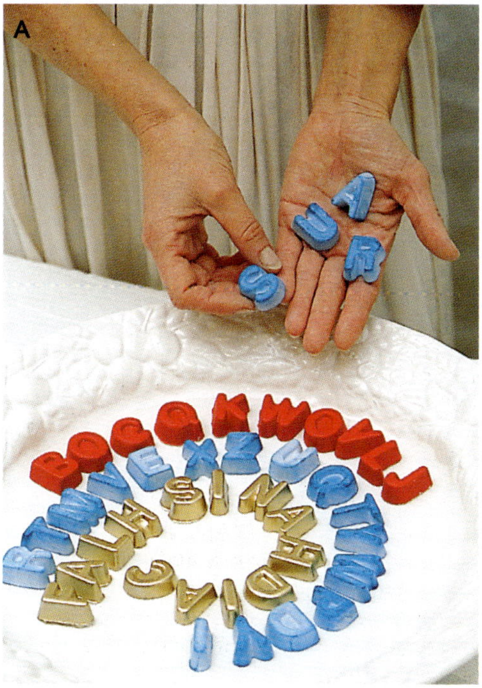
A

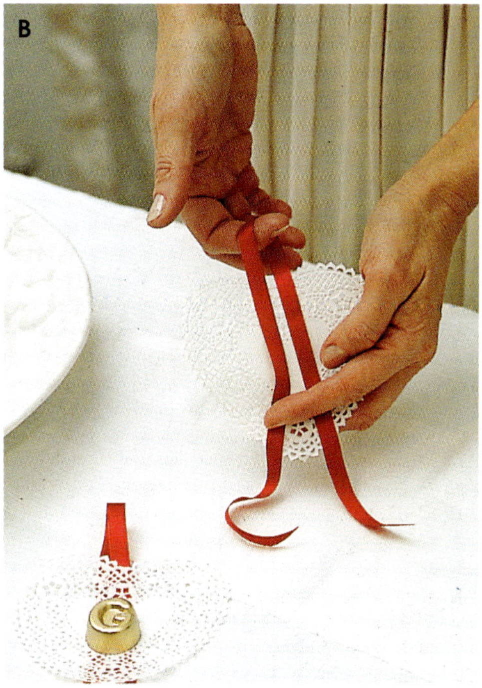
B

LE BOUGEOIR AVEC DES COQUILLAGES ET DES PETITS POISSONS DORÉS

MATÉRIEL

- plâtre blanc en poudre ;
- eau ;
- une boule en polystyrène de 15 cm de diamètre environ ;
- quelques fruits de liquidambar (voir page 48) ;
- un ruban en satin rouge de 5 mm de large ;
- une bombe de vernis spray couleur or ;
- une bougie blanche ;
- ruban adhésif ;
- moules à chocolats en forme de coquillages et de petits poissons ;
- un récipient en verre à bec ;
- une cuillère ;
- un cutter ;
- un pistolet à colle à chaud.

1. Réalisez différentes figurines en plâtre, blanches, en forme de coquillage et de petit poisson, suivant la technique de base (voir page 120).

2. Après les avoir fait sécher, vaporisez les figurines avec du vernis spray doré.

3. Avec le cutter, découpez en deux moitiés la boule en polystyrène et faites un trou au milieu de l'une des deux parties, afin d'insérer la bougie **(photo A)**.

4. Collez les figurines sur la même demi-sphère en polystyrène, en les alternant avec des fruits de liquidambar : couvrez toute la surface, sans laisser d'espaces vides (à part le trou pour la bougie) ; superposez légèrement si nécessaire les éléments entre eux **(photo B)**.

5. Complétez avec quelques nœuds en ruban rouge placés entre les figurines et les fruits de liquidambar.

6. Entourez la bougie de spirales de ruban adhésif largement écartées et vaporisez du vernis doré **(photo C)**.

7. Attendez que le vernis sèche, puis détachez délicatement le ruban adhésif de la bougie, et placez-la dans le trou fait auparavant au milieu de la demi-sphère.

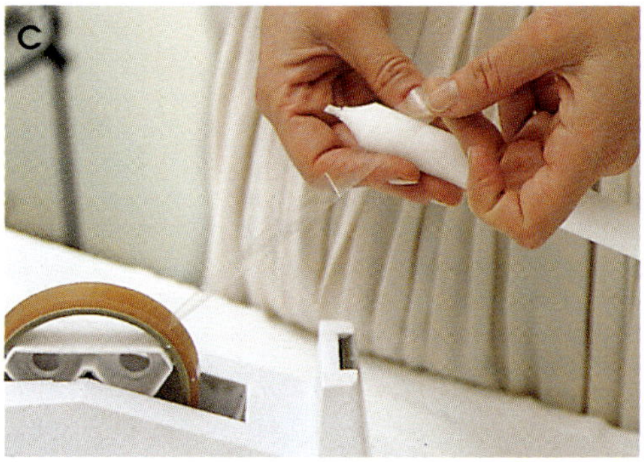

Achevé d'imprimer en juillet 2002
à Milan, Italie,
sur les presses de Grafiche Mazzucchelli S.p.A.

Dépôt légal : juillet 2002
Numéro d'éditeur : 7736